고맙습니다

고맙습니다

• 김승남 지음 •

한국경제신문

'고맙습니다'
한마디가 불러오는 삶의 기적

        자전거포 점원으로 시작해 세계적 기업 마스시다 전기를 창업한 마스시다 고노스케 회장은 전기 한 품목만으로 570개 계열사와 13만 명의 종업원을 거느리는 그룹을 일궈낸 입지전적인 인물입니다. 크게 성공한 후 이런 질문을 받았다고 합니다.

"무엇이 성공할 수 있는 조건이었습니까?"

그는 답했습니다.

"나는 세 개의 감사할 조건을 가지고 생을 살아왔습니다. 첫째는 11살에 부모님을 여의었다는 것. 그래서 남보다 일찍 철이 들 수 있었습니다. 두 번째는 초등학교 4학년이 내 학력의 전부라는 것입니다. 그래서 평생 공부할 수 있었던 행운이 있었습니다. 그리고 마지막으로 어려서부터 몸이 약했다는 것입니다. 그래서 건강에 관심을 가지고 노력하고 그 결과로 이렇게 건강할 수 있는 행운이 있었습니다."

사업을 하면 성공하기 어렵다는 직업군인 출신으로 생소했던 IT 분야에 진출하여 어려움을 겪을 때마다 저는 늘 '고맙습니다' 라는 말을 되 내었습니다. 내 앞에 주어진 어려움을 더 큰 성공을 향한 관문이라 생각하고 기꺼이 받아들였습니다. 어려움 자체를 마음에 담아두기보다는 그 과정 자체를 감사하게 받아들이려는 마음을 품었습니다. 그러고 나면 신기하게도 큰 힘이 샘솟는 듯했습니다.

사람들은 때때로 '고맙습니다' 라고 말해야 할 이유를 찾지만 사실 이 세상에서 가장 어려운 산수算數는 감사할 조건을 헤아리는 것이라고 합니다. 그만큼 세상에는 '고맙습니다' 라는 말을 할 이유가 많습니다. 그저 '고맙습니다' 하고 한마디 한다면 얼마나 따뜻한 정情이 오갈수 있을까요?

이제 60대 중반, 저는 지금도 목표를 향하여 전진하는 과정에 있습니다.

제 인생에서 역전의 드라마는 54세 때 시작되었습니다. 육군에서 간부후보생으로 임관하여 21년을 직업군인으로 있었으며, 몇 번 진급 누락의 아픔을 경험하고는 과감히 금융권으로 변신을 시도했습니다. '군발이는 물러가라' 라는 말을 들으면서도 금융권의 영업생활을 10여 년 가까이 계속 했습니다.

그리고 무모할지 모르지만 46세 때 처음 배운 컴퓨터 실력을 바탕으로 '돌 IT인' 인 제가 IT 기업을 창업하고자 도전장을 내밀었습니다. 2,000만 원의 자본금과 4평짜리 허름한 창고가 첫출발의 시작이었습니다. 2,000만 원의 자본금 중 1,000만 원은 교회에 헌금했습니다. '고맙습니다' 라는 기도와 함께 말입니다. 제가 원하는 일에 도전할 수 있었으니까요.

그리고 결국 1,000억 원의 기업가치를 인정받은 잡코리아와 1,000억 원 이상 가치의 조은시스템을 탄생시켰습니다.

저의 삶은 비주류非主流의 역정이었습니다. 매번 전문가 혹은 경력자라 불리며 자리를 잡고 있던 주류主流들에게 보이지 않는 홀대를 받았던 것도 사실입니다. 그러나 돌이켜보면 이런 여건들이 오히려 경쟁력을 갖추게 한 계기가 아니었나 생각해봅니다.

이제 저는 진정한 주류主流임을 자부합니다. 지금까지 어느 분야에서나 핵심요직에서 주도적으로 일을 하였고, 언제나 꼭 필요한 사람이 되었던 것은 아마도 마음속에 늘 품고 있었던 '고맙습니다' 라는 생각 덕분이 아니었을까 싶습니다. '고맙습니다' 는 저에게 싸우는 방법 대신 화해의 방식을 택하게 했고 빼앗아 이기려는 대신 먼저 내어주고 한 발 멀리 바라보는 습관을 익히게 하였습니다. 이런 마음이 있었으므로 제 노트북 인명록에 기록되어 있는 4,000여 명의 사랑과 도움을 받을 수 있었습니다.

이 글은 이렇게 살아온 제 인생의 이야기가 실린 책입니다.

어떤 것에도 구애받지 않고 직업군인으로 시작하여 IT 기업 CEO로 변화되는 과정을 진솔하게 말하고 싶었습니다. 약 4개월 동안 매일 새벽 2시 30분에 기상하여 목욕재계하고 기도한 후 경건한 마음으로 집필에 매달려왔습니다. 저의 열정이 고스란히 독자들에게 전해지기를 원했기 때문입니다. 아마도 읽는 동안 촌스럽고 미숙한 부분들이 많이 눈에 보일지 모르겠습니다. 책을 쓰는 일 역시 제게는 새로운 전이기 때문입니다.

하지만 단 한 가지, 여러분들이 이 책을 읽어 보고 누군가에게 '고맙습니다' 라는 말을 건넨다면 그것만으로도 이 책의 역할은 다한 것이 아닌가 싶습니다. 그리고 노파심 삼아 한마디 말을 덧붙이고자 합니다.

감사하며 사는 사람에게는 감사할 일만 생기며, 원망하며 사는 사람에게는 원망할 일만 생긴다는 것이지요.

변변치 않은 글솜씨에 그리 내세울 것 없는 사람의 글을 읽어주시는 독자 여러분들께, 또한 책을 펴낼 기회를 허락해주신 여러분들께 인사의 말을 드리며 그만 매듭지을까 합니다.

"여러분, 고맙습니다."

2007년 초여름

김승남 올림

Thank to Dream 꿈이 밑천이다

Thank to Future　**꿈이 있는 자만이 감사할 줄 안다**

PART 5

Thank to Challenge

PART 1

아름다운 도전

생각해보면 컴퓨터 시연을 보았던 그날 이후 내 인생은 정말 많이도 변했다. 덕분에
IT가 중심이 되는 새로운 세상에 한 발짝 일찍 적응할 수 있었으니 감사할 일이다.
그건 분명 축복이었다. 지금도 그 축복을 누릴 수 있음에 날마다 감사하고, 날마다
설레는 마음을 지니고 살아갈 수 있음에 감사한다.

46세, 컴퓨터를 처음 배우다

타자기에 먹지를 대고 서류를 작성하던 시절, 처음으로 286 컴퓨터가 나왔다.

1986년 당시, 직업 군인의 길을 걷다 전역한 나는 충북은행에서 안전관리실장으로 근무하고 있었다. 안전실장으로 6년 임기가 끝나면 운 좋은 사람들은 지점장이 되거나 다른 보직을 받아서 일할 기회가 주어지지만, 군인 출신에다 특별한 기술이 없었던 나에게 미래에 대한 대비는 무엇보다 시급한 과제였다.

컴퓨터 출시에 대한 소식을 접한 날, 딸 경진이를 데리고 무작정 컴퓨터 매장으로 갔다. 컴퓨터가 어떻게 생겼는지 어떤 기능을 가졌는지 알지 못했지만 어떤 끌림 같은 것이 있었다. 그리고 컴퓨터 시연을 봤고, 그 문화적 충격은 이루 상상할 수 없을 만큼 컸다. 이제까지 보아왔던 타자기와는 비교조차 할 수 없을 만큼 신기했다. 그리고 다양한 기능을 가진 컴퓨터를 보자 이런 생각이 들었다.

'컴퓨터를 배운다면 어떤 가능성이 생기지 않을까?'

바로 그날 컴퓨터학원에 가서 등록을 했다. 청주에 처음 생긴 작은 학원이었다. 내 나이 46세였다.

"컴퓨터를 배우러 왔습니다."

원장은 대학생 정도로 보이는 젊은이였다.

"잘 해보십시오."

접수를 받으며 그는 미소 띤 얼굴로 나를 바라보았다. 학원생은 대부분 중학생이었다. 그들의 아버지뻘 되는 나는 단연 눈에 띄는 존재였다. 하지만 그 열정만큼은 결코 뒤지지 않았다.

정말 열심히 배웠다. 은행에서 퇴근한 후 곧장 학원으로 가서 예습을 하고 수업을 받았다. 집에 컴퓨터가 없었던 탓에 학원에서 복습을 하고 집으로 돌아와서는 DOS의 명령어를 외우고 시행체계를 익히는 등 밤늦게까지 매달렸다. '컴퓨터에 미쳤다'는 말이 과언이 아닐 정도로 몇 달 동안 컴퓨터에 매달렸다.

그러던 어느 날 신문의 한 광고가 눈에 들어왔다. IBM이라는 미국 회사에서 최초로 노트북을 만들어 한국에서 시판한다는 광고였다. 즉시 서울에 있는 대리점으로 달려갔다.

"첫날 첫 번째 노트북을 꼭 사야겠습니다."

"그냥 사면 되지, 꼭 첫 번째 컴퓨터여야 합니까?"

"내겐 첫 컴퓨터가 중요합니다. 직업군인을 하고 퇴역했는데 새 출

발하는 의미에서 첫 번째 노트북을 꼭 사고 싶습니다. 그 때문에 청주에서 올라왔습니다. 선금을 드릴 테니 꼭 좀 부탁드립니다."

직원에게 다짐을 받은 후 다시 청주로 내려왔다.

당시 은행의 부장급이었던 나의 월급은 82만 원. 노트북 한 대 값이 280만 원이었으니 석달치 월급이 넘는 액수였다. 다행히도 아내는 석 달치 월급을 털어서 노트북을 사고 싶어하는 나를 나무라지 않았다. 오히려 성원해주었다.

새로운 변화를 위해 애쓰는 모습이 안쓰러웠던 것일까?

당시 아내는 전역을 하고 사회에 나와 아무런 경쟁력도 없이 그저 묵묵히 열심히 살아가는 나를 늘 격려해주었다. 아내는 미래를 모색하고 새로운 도전을 즐겁게 받아들이려는 나에게 더없이 소중한 친구이자 후원자였다.

그러던 중 생산성본부에 MIS 공부를 위한 1년 과정이 생겼다.

일주일에 두 번 MIS 공부를 위해 청주에서 서울로 컴퓨터 유학을 다녔다. 밤 10시에 공부가 끝나 야간열차를 타고 조치원으로 와서 다시 택시를 타고 청주에 도착하면 새벽 1시. 몸은 피곤했지만 더없이 행복했던 시절이었다. 돌이켜보면 20여 년 전에 나는 블루오션Blue Ocean을 개척하고 있었던 셈이었다.

그리고 6년 후 나는 그 블루오션에서 결실의 수확을 얻을 수 있었다. 군에서의 경험을 살려 시스템보안 회사를 창업해 건실한 회사로 성장시켰으며, 많은 사람에게 사랑을 받고 있는 잡코리아도 탄생시켰다. 이러한 열정은 PC백업 솔루션 업체인 SJ인포텍까지 이어졌다. 큰 성공은 아니지만 40대 늦깎이 초보자가 컴퓨터를 배우기 시작해 이루어낸 성과이기에 나에게는 더없이 감사하다.

| 변화를 맞이하는 우리의 자세 |

컴퓨터에 대해 알면 알수록, 실력이 조금씩 향상되면 될수록 강한 확신이 들었다. 앞으로 컴퓨터가 보편화되어 생활에 큰 혁명을 일으킬 것 같다는 예감이었다.

아울러 당시 은행에 도입된 기계경비에 컴퓨터가 연동되는 모습을 보면서 그 확신은 더더욱 강해졌다. 경비 분야 역시 획기적인 변화가 이루어져 그 전망이 밝을 것 같았다. 이는 훗날 경비업체인 조은시스템을 창업하게 된 계기가 된다.

한편 얼마 지나지 않아 또 하나의 혁신적인 신기술이 등장했다. 바로 인터넷이었다.

전화선을 연결해 컴퓨터를 켜고 마우스를 클릭하기만 하면 전 세계 어디서든 원하는 정보를 얻을 수 있었으며, 이메일을 통해 편지와 파일을 실시간으로 전하고 받게 된 것이다. 나는 정보를 검색하면서 또 이메일을 주고받으면서 다시 한 번 인터넷이라는 새로운 기술에 완전히 매료되었다. 아니 충격을 받았다고 하는 편이 더 맞는 말일 것이다.

IT 시대를 향한 변화의 물결이 급속하게 주위를 에워싸기 시작했고, 그즈음 사회적으로는 '혁신Innovation'이라는 화두가 회자되기 시작했다.

사실 변화는 두려운 일이다. 특히 새로운 분야에 온몸을 던진다는 것은 큰 용기를 필요로 하는 일이다. 나 역시 중년의 나이에 컴퓨터라는 새로운 영역을 개척한다는 것이 쉽지만은 않았다. 주위의 만류도 적지 않았다. 퇴역한 직업군인으로서 연금이나 챙기며 좀 편하게 살지 그러냐는 소리도 많이 들었다.

하지만 나 스스로를 독려했다. "늦었다고 생각한 시점이 가장 빠른 시점이다."라는 말처럼 어쩌면 이 새로운 변화가 기회이며 행운일지 모른다고 스스로를 다독였다. 세계적인 경영석학 톰 피터스의 말도 이런 나에게 용기를 불어넣어 주었다.

"오랫동안 이어져 온 방식을 탈피하십시오. 이는 변화되는 환경에서 생존하는 데 필요한 변화를 이끌어내지 못합니다. 우리에게는 시간이 없습니다. 과거에 머물고자 하는 노예근성을 탈피하고, 새로운 변화를 받아들이지 못하게 하는 장벽을 파괴해야 합니다. 파괴할 용기가 없으면 대규모 창조는 있을 수 없습니다. 창조를 위해 파괴하십시오. 그렇지 않으면 도태될 것입니다. '좋은'에서 '미친'으로, 이것이 혁신의 비결입니다. 계획 옹호자를 해고하고 괴짜를 고용하십시오."

톰 피터스가 주문한 것은 변화와 창조였다. 그의 말이 맞았다. 나 자신의 변화와 함께 그간 우리 사회에서 일어난 변화를 주의 깊게 지켜봤다. 말 그대로 '격동의 현장'이었다. 그 결과 사람이나 기업이나 변화에 적응하는 자만이 살아남는다는 진리를 다시 한 번 확인할 수 있었다.

우리나라 기업의 경우 30년 전에 득세했던 30대 기업 중 이제 남은 것은 5개 회사뿐이다. 미국은 100년 전 존재했던 100대 기업 중 현재까지 존재하는 회사는 6개뿐이라는 통계를 발표하기도 했다. 은행권을 예로 들자면 기존에 있었던 5대 시중은행들이 대규모 통폐합되었고 의외의 작은 은행들이 대형은행으로 성장했다.

이것은 무엇을 의미하는 걸까?

새로운 도전에 응수하지 않으면 살아남기 힘들다는 말이다. 승리는 반복되지 않는다. 오늘 안정된 자리에 있다고 내일, 또 다른 내일까지 그럴 수 있다는 보장은 없다.

월마트의 창시자 샘 월튼은 변화의 가치를 누구보다 제대로 깨달았던 사람이 아닌가 싶다.

샘 월튼은 1950년 뉴포트라는 중소 도시에서 작은 소매점을 창업했다. 그리고 대형 할인매장 K마트 등에서 아이디어를 얻어 월마트라는 작은 할인점을 냈다. 큰돈을 갖고 시작한 것은 아니었다. 그렇지만 곧 성공의 궤도에 올랐는데 그 비결은 상식을 깨고 변화를 시도한 것에 있었다.

그는 우선 '정해진 가격은 없다'는 슬로건을 걸었다. 매일 다른 가격, 즉 '매일 같이 가장 싼 가격everyday low price'에 물건을 공급한다는 혁신적인 원칙을 적용했다. 이를 위해 유통마진을 최소화하고자 노력했다. 창고를 빌려 최대한 싼 가격에 많은 물건을 구입해 보관했고 임대료가 값비싼 도시를 피해 시골마을에 할인점을 열었다.

이는 두 번째 변화의 혁신 전략이었다. 월마트가 문을 연 시골마을은 대형업체가 들어오기에는 너무나 작은 지역이어서 경쟁회사보다 먼저 자리를 잡을 수 있었고, 그럼으로써 경쟁회사 스스로 그 지역에 들어오는 것을 포기하게 만들었다. 큰 도시의 할인점보다 싸게 팔면 사람들이 군이 차를 타고 멀리 시내까지 나갈 필요가 없을 것이라는 샘 월튼의 생각은 맞아떨어졌다.

그렇게 정기적으로 새롭게 단장하고 싼 가격에 물건을 공급함으로써 월마트는 그 마을에서 유일한 할인점으로 자리를 잡을 수 있었다. 그리고 샘 월튼은 이러한 체인점을 미국 전역, 나아가 전 세계에 지속적으로 만들어나갔고, 결국 세계적인 유통회사를 만들 수 있었다. 월마트는 샘 월튼이 1992년 죽기 전까지 20년 동안 꾸준히 성장하여 최고의 회사가 될 수 있었다.

변화를 두려워할 필요는 없다.

내 앞에 놓인 변화에 주저하지 않고 늘 감사하게 받아들였던 것은 '도전하지 않는 것이야말로 인생에 더 큰 실패를 불러올 수 있다'는 두려움 때문이었다. 새롭게 주어진 삶의 과제를 감사하게 받아들이고 부딪쳐야 한다. 변화는 성공이 눈앞에 있음을 알리는 또 다른 신호이기 때문이다. 이것은 또한 도약을 꿈꾸는 우리 모두가 정성껏 가꾸어야 할 중요한 가치이기도 하다.

| 돌石 IT의 자부심 |

이렇듯 컴퓨터는 보이지 않는 손을 내밀어 별다른 능력이 없었던 직업군인에게 새로운 인생을 개척하게 해주었다. 사람들은 이를 대단하게 여기지만 사실 나는 스스로를 늘 '돌 IT'라고 부른다.

"김 회장은 전산 전문가인 우리보다 더 IT 사업 감각이 있네요."

"저는 돌팔이인데요, 뭘……. 열심히 하고는 있지만 아직은 많이 부족합니다."

"그래도 IT 관련 회사들을 창업했고 또 기반을 잘 구축하고 있지 않습니까?"

"사실 저는 겉만 아는 사람입니다. 덕분에 성공과 실패를 반복하고 있습니다."

"실패라고요? 김 회장이 반복한 실패란 무엇인가요?"

"실력이 모자란 탓에 일을 벌일 때면 팔릴 수 있겠느냐 하는 사업적 측면을 우선적으로 검토합니다. 그래서 잘된 경우도 있지만 기술적인 측면을 깊이 고려하지 못한 까닭에 실패도 여러 번 했습니다. 돈벌이 욕심이 앞서 시작한 인터넷 정보화 사업도 접어야 했으니까요."

"그러나 대부분은 성공하고 있으니 우리보다는 나은 거 아닌가요?"

"아닙니다. 흉내만 내는 것을 선배님들이 예쁘게 봐주시니 더욱 분발하라는 격려로 알겠습니다."

개인적으로 존경하고 좋아하는 업계의 선배들이 있다. IT 1세대들로 삼보를 창업하신 이용태 회장님, LG에서 정보화 초석을 놓으신 김영태 회장님, 현대의 전산 분야 대부 김택호 회장님이 그러하다. 이분들은 일찍이 미국 등 선진국에서 컴퓨터 과학을 전공하신 분들로 우리나라를 오늘날의 IT 강국으로 이끈 선구자들이다.

이처럼 초창기 한국의 IT를 이끌어온 1세대들은 대부분 해외유학파 출신들이다. 하지만 나는 중소도시 청주에 있는 작은 동네 컴퓨터

학원에서 중학생들과 함께 컴퓨터를 배웠고 그 후에는 거의 독학하다시피 책을 보며 공부했다. 물론 한국생산성본부에서 실시하는 MIS 과정과 전경련에서 실시하는 전자상거래 과정을 배웠지만 그 외에는 어깨너머로 배운 지식이 다였다.

그런 내가 컴퓨터 1세대 IT 전문가 못지않다고 여길 수 있는 바탕은 'IT 분야가 앞으로 유망하다.'라는 믿음을 가지고 나름대로 엄청난 시간과 노력을 투자해 컴퓨터를 배웠기 때문이다.

지금이야 윈도우즈 체제라 클릭만 하면 뭐든지 마음대로 할 수 있지만 컴퓨터가 처음 나왔을 당시에는 DOS 운영체제였기 때문에 배우기가 쉽지 않았다. 모든 명령어를 외워서 해야 했기 때문이다. 나 또한 DOS 책 한 권을 다 외울 정도로 열심히 공부한 후에야 비로소 컴퓨터를 능숙하게 다룰 수 있었다.

물론 스스로 '나도 전문가다.'라는 자랑스러운 마음을 가지고 있었을지라도 어쩌면 진짜 전문가가 보기에는 어린애 수준에 불과했을지도 모른다.

하지만 나에게는 그런 것들이 큰 문제가 되지 않았다.

전문가가 아니더라도 훌륭한 IT 기업을 창업하고, IT 산업 발전에 이바지하면 충분하다고 믿었다. 이러한 생각은 비록 돌팔이지만 IT 분야에 있어 자부심을 갖고 열정적으로 일을 해나갈 수 있게 하는 원동력이 되었다.

만일 내가 나보다 앞선 사람들, 더 좋은 환경에 있는 사람들에게 주눅이 들어 변화를 거부했다면 하루를 마치는 잠자리에서 '고맙습니다.'라는 기도를 하기는 쉽지 않았을 것이다.

21년 직업군인의 길을 접다

'팔자소관八字所關' 이라는 말이 있다.

나 역시 내 뜻과는 달리 어떤 보이지 않는 손길에 의해 외길을 달려온 것이 아닌가 싶을 때가 있다. 한때 이를 두고 팔자소관이라는 말을 썼으나 신앙을 갖게 되면서 그 모든 일을 '하나님의 뜻' 으로 알고 편안하게 받아들이게 되었다.

특히 직업군인의 길을 걸을 땐 더욱 그러했다. 사실 어릴 적 꿈은 교직생활을 하는 것이었다. 그런데 군에 가야 할 즈음 5.16혁명이 났고 신고된 미필자가 많아 3년을 기다려야 했다. 그때 마침 간부후보생 모집 공고를 보게 되었다. 대한민국 남자라면 마땅히 거쳐야 할 군 의무를 다하고자 3년 복무를 각오하고 응시해 합격했다. 그렇게 입대해 소대장으로 전방에서 군 복무를 하게 되었다. 그러던 어느 날 대대장이 호출

했다.

"김 소위, 이제 대대에 들어와서 작전장교를 하도록!"

특별 선발되었다는 사실에 큰 자부심을 갖고 업무에 임했다. 작전장교로서 임무를 마치고 초등군사반 교육이 끝난 다음 보병학교 후보생 구대장으로 발탁되었다. 후보생 시절 마치 신神처럼 생각됐던 훈육관이 된 것이다. 그렇게 훈육관으로 생활하는 동안 군에 매력을 느끼게 되었다.

그러나 전역이냐, 계속 군에 남아있느냐 하는 결정은 쉽지 않았다. 고민에 고민을 거듭하면서도 우선은 영어를 배우기 위해 전략정보반 시험을 준비했다. 그런데 느닷없이 베트남 발령이 났다. 영어를 할 수 있는 자원이 부족하여 헬리콥터 연락장교로 차출한다는 것이었다. 결국 베트남으로 출정하게 되었다.

| 전력을 다하는 습관 |

당시는 베트남 전쟁 초창기로 치열한 전투가 계속되는 상황이었다.

그렇게 1년이 지나고 헬리콥터 연락장교 임무를 마칠 무렵 큰 사건이 터졌다. 맹호사단과 백마사단의 합동작전 당시, 미군 헬기 지원이 갑자기 중단된 것이었다. 급히 지원사령부로 갔다.

"왜 헬기 지원이 안 됩니까?"

거칠게 따져 물었다. 헬기가 지원되지 않으면 우리 작전병력이 위험해질 수 있는 상황이었다.

"캄보디아 국경에서 전투를 하고 있는 미1사단이 긴급 요청하여 그쪽으로 출동했다."

감정을 주체할 수 없는 답변이었다. 상황실에서 권총을 꺼내 공포 몇 발을 쏘았다. 모두 놀라서 엎드렸다. 그야말로 긴장된 순간이었다.

그런 후 본부로 돌아오니 작전이 전면 중지되어 있었다. 또한 나에게는 주월군사령부에서 출두 명령이 내려와 있었다. 총기난동을 부렸다는 이유에서였다. 징계 받을 준비를 하고 대기하고 있는데 28연대장이었던 이은식 대령이 불렀다.

"김 대위, 이번 일은 내가 책임지기로 했으니 7중대장으로 나가도록!"

"저는 이번 달 귀국해서 전역해야 합니다. 보내주십시오."

"안 돼! 정글 속에서 군인정신을 더 발휘해! 명령이야."

결과적으로 전역할 기회를 놓친 셈이었다. 그 대신 전과를 많이 올려 여러 개의 훈장을 받았다. 동시에 군인으로서 자부심도 크게 느낄 수 있었다. 그러나 달갑지 않은 선물도 뒤따랐다. 바로 '난청 장애'를 갖게 된 것이다.

때문에 직업군인에 들어선 후 육군대학에서 공부할 때 성적이 좋지 않았다. 강의 내용이 잘 들리지 않았던 것이다. 하지만 나쁜 일만은 아니었다. 난청은 사람들과 대화를 할 때 전력을 다하는 습관을 갖게 했으며 이는 후에 비즈니스에서 큰 자산이 되었다. 또한 덕분에 모든 일에는 나쁜 면만 있는 것은 아니라는 사실을 깨닫게 되었다.

| 군에 대한 도리 |

그렇게 군 생활을 시작하여 매진해오던 어느 날, 육군본부에 회의가 있어 서울로 나가게 되었다. 군단에서 교육과장으로 있을 때였다. 진급을 눈앞에 두고 있었다.

당시는 1980년 초로 박대통령 서거 이후 어수선한 시기였다. 군단장이 인사참모부장에게 전하라는 편지가 있어 마침 전하고 나오는 길이었다. 그때 인사와 진급을 관장하는 김기성 장군을 우연히 만났다. 강원도 고성에서 연대 참모 시절 대대장으로 계셨는데 나를 많이 아껴주시던 분이었다.

"김 중령, 마침 잘 만났다. 누구 광주 사람 없나 생각하고 있었는데……. 김 중령이 광주 지역 동원연대장으로 가야겠다. 그쪽이 데모가 심해서 지역을 잘 아는 사람이 가야 하는데 김 중령이 적임자다."

"아니, 저는 군단에서 이번에 진급이 되어야……."

"내가 진급처장이니 아무 걱정하지 말고 가서 근무나 잘해!"

"군단장께서 승인하실까요?"

"그건 내가 잘 말씀드리겠네."

그때는 유사시 동원연대가 향토방위를 맡았다. 예비군 자원에 대한 지휘, 교육훈련, 향토방위가 주 임무였고 예비사단은 전방으로 전개하게 되어 있었다.

그러나 예상과는 다르게 군단에 돌아오니 군단장이 무척 화를 냈다.

"심부름 보냈더니 인사 청탁을 하고 와?"

이미 군단장에게 보고가 되고 발령이 났던 것이다.

다음 날 5월 13일이 부임 및 신고였다. 그리고 상황 파악할 겨를도 없이 며칠 뒤 5.18이 발발했다. 광주 일대 '6개 시·군'이 담당지역이었기에 결과적으로 책임의 중심에 서게 되었다. 담당지역 예비군이 보관하고 있었으나 외부로 피탈된 총기와 탄약을 회수하는 일이 중요한 임무였지만 결국 나는 임무를 충실하게 완수하지 못했다. 그 결과 사단장은 물러나고 징계위원회에 회부되었다. 다행인지 불행인지 나는 부임한 지 얼마 안 되었다는 연유로 가벼운 징계만을 받았다. 이런 상황에서 진급은 언감생심이었다.

격동의 시절이 그렇게 흘러갔다. 그러던 어느 날 사단장이 작전참모 자리를 배려해주었다.

"작전참모를 하는 게 좋겠다. 1년 더 기다리면 좋은 일이 있을 거야. 대기만성이다!"

당시 작전참모는 거의 진급이 확실시 되는 자리였다. 보직을 받고 열정적으로 일했다. 내 속에 감춰둔 뜻이 있었기 때문이다.

'부끄럼 없이 최선을 다하자. 그러나 이번에도 진급이 안 되면 미련 없이 군을 떠나는 것이다. 군을 사랑하기 때문에 군 생활을 해왔던 것인데 진급에 누락되어 군에 기여가 없는 사람으로 평가된다면 군에 대한 사랑도 자연스레 식을 것 아닌가. 군에 부담스런 존재는 되지 말자."

그럼에도 결국 진급에서 또다시 누락되었다. 주변에서 성원해준 모든 분들께 죄송했다.

"내년에 다시 한 번 기다려보지!"

나보다 더 실망한 사단장이 위로의 말을 건넸다. 아직 정년이 3년이나 남아있으니 다음 기회를 기약하자는 것이었다. 그러나 내 마음은 달랐다. 작전보좌관에게 당부를 했다.

"전역지원서 써놓았으니 제출해주고 야전침대 하나 상황실에 놔줘!"

전역을 작정한 것이다. 집으로 돌아와 내 뜻을 밝히자 아내는 뜻밖에도 담담하게 받아들였다.

"그동안 고생 많으셨어요. 새로운 인생을 준비하라는 하나님 말씀이니 새 출발해요."

아무런 준비 없이 일방적으로 전역을 고하는 내게 투정 대신 위로의 말을 건네는 아내를 보니 미안하고도 가슴이 아팠다. 결과에 승복하기에는 사실 너무나 마음이 아팠다. 그러나 이내 마음을 다잡았다.

'미련을 갖지 말자. 이제 남은 것은 아름다운 퇴장이다. 유종의 미를 거두자.'

그것은 군에 대한 도리이기도 했다.

그렇게 전역상신을 한 날 이후 상황실에 야전침대를 가져다놓고 대대급 이상 제대의 작전계획, 훈련계획, 전투세부시행지침과 같은 모든 자료를 검토하여 보완하는 일을 매일 새벽 2시까지 했다. 마지막 불꽃을 태운 것이다.

군에서의 마지막 2개월을 그렇게 헌신적으로 보냈다. 내 생애 그렇게 헌신적으로 생활한 적이 없었다. 이후 회사를 창업해서도 그때만큼 열심히 근무하지는 않았던 것 같다.

전역 전날까지도 밤늦게 근무를 하고, 다음날 1월 31일 드디어 전역신고를 했다. 아무 계획도 없이 군 문을 나선 것이다. 아쉬움이 남는 게임이었다. 하지만 '첫 보직을 받은 후부터 21년 열정을 다 바친 후회 없는 한판 승부였다'고 스스로를 달랬다.

THANK TO CHALLENGE

어리석은 1등의 교훈

군 재대 후, 우여곡절 끝에 충북은행의 안전관리실장을 맡게 되었다. 당시 나의 임무는 보안, 안전관리, 비상대비업무였다. 당시만 해도 안전관리에 대한 인식이 부족한 때라 은행원들 사이에서는 별로 중요치 않게 여겨지는 자리였다. 특히 군 출신에 대해서는 더욱 그러했다.

충북은행은 당시 규모도 작고 부실한 은행에 속했다. 몸담고 있는 사람으로서 무언가 은행 발전에 기여하고 싶었다. 그러던 와중에 은행영업에 관심을 갖게 되었다. 은행영업은 예금유치가 주 과제였다. 예대마진이 6% 이상으로 예금유치는 은행경영에 큰 도움을 주었다. 영업부장에게 말했다.

"나도 예금을 유치하러 다니겠습니다. 방법을 가르쳐주세요."

영업부장은 반신반의한 표정으로 물었다.

"정말 하실 수 있겠어요?"

"남들 다 하는데 내가 왜 못합니까?"

그러자 영업부장이 대답했다.

"그렇게 해주시면 크게 한턱 내지요."

이후 틈나는 대로 영업부에 가서 예금의 종류, 조건, 방법 등을 배웠다. 한 달 후 가방 하나를 들고 담배공사를 찾아갔다. 광주로 나를 차출 보냈던 김기성 장군이 전역하고 부사장으로 있다는 소식을 들었기 때문이다. 본사는 대전 신탄진에 있었다.

"자네가 웬일인가?"

김기성 부사장은 무척이나 반가이 맞아주었다.

"전역하고 충북은행에 있습니다. 예금유치하러 왔습니다."

"아니, 왜 전역했어? 임기가 아직 남았을 텐데"

"군단에 있었으면 진급도 되고 잘 풀렸을 텐데, 선배님 덕택으로 광주에 가서 갑자기 5.18이 나는 바람에 징계 받고 진급도 안 되어 전역하고 나왔습니다."

"군에서 근무를 아주 잘 했는데……."

"그동안 아껴주셔서 감사했습니다. 이제 군인의 길은 끝났고 현재 하고 있는 은행일이 중요합니다. 그래서 은행 예금이 필요합니다."

김기성 부사장이 재무국장을 불렀다.

"충북은행에 예금유치 좀 해줄 수 있나요?"

재무국장은 단호하게 말했다.

"안 됩니다. 시중 은행에 500억 원 정도, 충청은행에 100억 원 정도 예금해주고 있는데 명분이 없습니다. 게다가 충북은행은 부실은행이고……. 지방 은행에 해주기 시작하면 모두 몰려올 겁니다."

재무국장의 답변에 나는 차분한 목소리로 말했다.

"담배공사에 제일 기여하는 곳이 어디입니까, 충북 아닙니까? 잎담배는 거의 충북에서 재배하여 담배공사에 납품하는데, 담배공사는 충북을 위해 무얼 기여하고 있나요? 당연히 충북을 위해 예금을 해주셔야 하지 않겠습니까?"

김기성 부사장이 시간을 달라고 하여 돌아왔다. 그리고 다음날 다시 오라는 연락을 받았다. 담배공사에서 50억 원을 예금하기로 한 것이다.

그날 은행에서는 난리가 났다. 처음으로 공기업에서 큰 예금을 유치하였기 때문이다. 군인 출신 은행원이 큰일을 저질렀다며 놀란 사람들이 너나 할 것 없이 축하를 해주었다. 당시는 음성지점 전체 예금이 40억 원 정도였을 때이므로 대규모 예금인 셈이었다.

그러나 여기서 멈추지 않았다. 매년 200억 원 이상의 실적을 올려 은행 내에서 예금유치 전문가로 대우 받게 되었다. 그러는 동안 겪었던 수모도 적지 않았다. 그럴수록 악착을 부렸다. 찾아가고자 하는 회사의 정보를 철저히 분석했으며 예금의 성격에 대해서도 공부하고 또 공부했다. 그리고 무엇보다 기죽지 않기 위해 스스로를 늘 독려했다.

그즈음 향토사단인 37사단으로 이정린 장군이 부임하였다. 진취적 성품을 지닌 그는 지역의 발전이 사단의 전투력과 직결된다는 생각을 갖고 계신 분이었다. 어느 날 그와 만남을 가졌다.

"우리 사단에서 충북은행에 뭐 도울 일이 없을까? 지역발전 차원에서 말이야."

"예금을 많이 해주시면 됩니다."

"군인들은 재형저축(목돈마련저축)을 들어야 하기 때문에 충북은행에는 할 수 없다더군."

당시 재형저축은 규정이 있어 취급할 수 있는 은행이 한정되어 있었다. 알아보니 국민은행과 주택은행에서만 가능했다. 집으로 돌아오는 길에 '이건 잘못된 거다.' 라는 생각이 머리에서 떠나지 않았다.

다음날 결국 나섰다. 재무부 은행과장을 만나기로 한 것이다. 하지만 약속했던 은행과장은 바쁘다며 시간을 내주지 않았고 대신 사무관이 앞에 앉았다. 사무관은 내 명함을 보더니 어깨를 으쓱했다.

"부장님이시라……. 은행 임원도 저를 만나기가 쉽지 않은데……. 무슨 일이시죠?"

아랑곳하지 않고 단도직입적으로 말했다.

"지방 은행에서도 재형저축을 취급하도록 해주십시오."

"안 됩니다. 그러려면 법을 바꿔야 하는데 쉬운 게 아닙니다."

담당 사무관은 그렇게 대답하면서 곧 미국으로 공부하러 간다며 다음에 보자고 했다. 그러면서 한마디 물었다.

"그런데 이 업무가 부장님과 무슨 관계가 있습니까?"

"은행에서 주는 월급으로 먹고사는데 밥값은 해야 않겠습니까?"

처음 만났을 때와는 달리 헤어질 때는 미소를 지으며 잘 내려가라는 당부의 인사까지 했다. 이후에 만난 후임자는 법 개정이 어렵고 전문가가 아니라면서 시간만 끌었다. 그러나 굴하지 않고 계속 법 개정의 당위성을 피력하며 다녔다.

그렇게 2년이 지난 어느 날 다시 재무부를 찾아갔다. 처음의 그 사무관이 유학을 마치고 다시 제 자리로 돌아와 있었다. 활짝웃으며 나를 반갑게 맞이해 주었다.

"이렇게 또 뵙게 되다니……. 정말 대단하시군요. 덕분에 재형저축을 개방하려고 법 개정을 추진하고 있습니다. 기다리고 있으십시요."

그리고 얼마 후에 재형저축이 허용되었다. 이정린 장군이 떠난 뒤였지만 충북은행은 향토사단 예금을 받을 수 있었다.

| 어리석은 1등 |

예금유치에 이어 은행에서 주어진 다음 과제는 신용카드였다. '신용카드 유치 실적이 우수한 직원들에게 포상하겠다.' 라는 발표가 나왔다. 아울러 대대적인 캠페인도 벌였다. 950여 명의 직원에게 출발 총성이 울린 것이다.

다시 한 번 실력을 보여주겠다고 마음먹고 노트북으로 밤늦게까지 공문 작업을 했다. 내심 조직을 이용한 영업을 하고자 작전을 짠 것이다.

공문의 내용은 '지방은행에서 신용카드를 발행하니 지역경제 활성화를 위하여 모든 직원이 발급받아 활용하여 달라' 는 것이었다. 그러고는 다음날 아침 일찍 은행장 직인을 찍어 가입 용지와 함께 도지사, 교육감, 충북대학 총장 등 21개 기관에 모두 보냈다. 일면식도 없는 곳이 대부분이었다.

작전은 성공했다. 결과적으로 1,480명을 가입시켜 1등을 했다. 2등이 34명이었으니 그 격차가 실로 컸다. 그러나 승리의 기쁨도 잠시, 모르는 사이 나를 둘러싼 불만들이 높아지기 시작했다.

개인적인 친분을 이용해 공공기관 직원들에게 카드가입 권유를 하려 했던 은행 직원들은 나 때문에 "이미 가입하였다."라는 거절의 답변을 들어야 했던 것이다. 실력 있는 은행원들은 나의 능력을 인정하고 부러워했지만 일부 직원들 사이에선 반감이 쌓이기 시작했다. 그들은 등뒤에서 수근거리며 '왜 자기 업무도 아닌 일을 하는 거야?'라는 불만을 토로했다.

어리석은 1등을 한 것이다. 지금이라면 당연히 직원들과 실적을 나누었겠지만 당시는 지지 않겠다는 오기 비슷한 경쟁심이 가슴에 가득 차 있었다. 군 출신이라고 무시했던 사람들에게 보란 듯이 실력을 보여주고 싶었던 것이다.

그러나 결국은 직원들의 불신이 원인이 되어 후에 임원이 될 기회를 놓치고 밀려나게 되었다. 어리석은 1등이 앞길을 막은 셈이었다.

카드영업 실적 1등을 달성한 며칠 후 은행장이 불렀다.

"이번에 자네를 저축본부장으로 임명하려고 하네."

"제가 할 수 있을까요?"

"예금유치를 가장 잘하는 사람이 저축본부장을 맡는 건 당연하지."

승진이었다. 저축본부장을 맡기로 하고 후임자에게 인수인계를 했다. 아직 공식화된 것이 아닌 관계로 모두들 내 다음 보직에 대해 궁금해했지만 곧 알게 될 것이므로 굳이 말하지 않았다.

그러나 다음날, 은행장실 입구에 벽보 한 장이 붙었다. 여느 때와

마찬가지로 아침 7시에 출근해 8층부터 1층까지 구석구석 보안 점검을 하던 중이었다.

'군바리가 무슨 저축본부장이냐'

벽보는 노조에서 붙인 것으로 내가 저축본부장이 되는 것을 반대한다는 내용이었다. 입구에서 만난 노조 간부는 과장급 이상에게 반대 서명을 받으러 지점으로도 나갈 거라고 했다. 고심하던 나는 은행장이 출근하자마자 찾아가 말했다.

"저축본부장을 맡을 수 없습니다. 재고하여 주십시오."

은행장은 나를 다독였다.

"반대는 일시적인 것이니 좀 기다려보세요."

"제가 주제 넘는 일을 안 할 수 있도록 해주십시오."

말은 그렇게 하였지만 참담한 심정이었다. 이전 업무는 후임자에게 이미 인계되어 오갈 데도 없었다. 무보직으로 대기하다가 결국 조사부장으로 발령이 났다.

만약 예금유치나 신용카드 가입 실적, 그리고 영업지원을 하면서 올린 여러 가지 실적을 같이 일했던 직원들과 함께 했다면 어땠을까? 비록 예금유치에서는 선두의 자리에 섰지만 명망에 어두워 너무 욕심을 낸 결과가 후회로 남는 시간이었다.

| 당당히 주류로 서다 |

지방 보험사가 생겼다. 내가 몸담고 있던 충북은행에서 출자해 설립

했기에 부장급 임원 한 명을 보내야 했다. 은행장은 다른 사람을 보내고 싶어했지만 노조를 비롯한 대부분 은행원이 나를 추천했다. 미움을 단단히 사고 있었던 것이다. 직접 은행장을 만났다.

"보험회사에 보낼 사람이 적절치 않으시다면 제가 가겠습니다."

"왜 그런 생각을 하세요?"

"은행 분위기도 그렇고⋯⋯. 행장님을 편하게 해드리는 게 제 도리입니다."

당시 은행장은 2차 연임을 하고 있어서 3차 연임이 되려면 직원과 주주들의 지지가 필요한 시점이었다. 결국 새로운 분야에 도전을 해보는 것도 좋을 것 같다며 나의 청원을 받아주었다. 그렇게 보험인의 길로 들어서게 되었다.

'자, 이 생소한 분야에서 어떻게 살아남아야 할까?'

새롭고 낯선 분야에서의 생존을 위해 우선 세 가지 방침을 정하였다.

실력을 갖출 것!

영업 분야에서 근무할 것!

직원들과 두터운 친분을 유지할 것!

앞서 은행에서의 뼈아픈 경험이 자극이 되었던 것이다. 그 다음 보험사 사장과 면담을 하였다.

"저는 임원이 아닌 부장을 하겠습니다."

사장은 의아한 표정으로 물었다.

"은행에서 왔으니 임원을 할 수 있는데 왜 부장을 하려고 합니까?"

"보험에 대해 전혀 모르고 실력도 없는 사람이 임원을 하게 되면 직원들이 분명 경영진을 신뢰하지 않을 것입니다."

"하지만 부장이야말로 진짜 실력이 없으면 하기 어렵습니다. 충북은행이 제2대 주주이니 은행 대표로 임원을 맡으세요."

"아닙니다. 법인영업부장을 하면 단체보험을 유치할 자신이 있습니다. 1년간 해보고 안 된다고 판단하시면 깨끗이 사직하겠습니다."

사장은 약간 놀란 듯 내 얼굴을 쳐다봤다. 그러더니 이내 수락했다.

"그럼 좋습니다. 법인영업부를 맡으세요. 대신 실적이 없으면 사직하겠다는 약속은 꼭 지키는 겁니다!"

나로서는 배수진을 친 것이었다.

어떤 이는 월급도 월등히 많고 별도의 사무실과 비서까지 있는 임원을 사양하고 왜 부장을 자청했느냐고 물었지만, 3년하고 물러나는 임원 자리보다는 좀 고되더라도 일을 제대로 배워 자리를 잡는 편이 낫다고 판단했다. 어쨌든 이런 과정을 거쳐 책상을 맞대고 직원 40여 명을 직접 통솔하게 되었다.

먼저 상견례를 했다. 창설 회사라 핵심 멤버는 모두 기존 회사에서 스카우트를 해왔고, 신입사원은 절반 정도였다. 어수선하니 질서가 잡히지 않은 상황이었다.

"작은 책상 하나를 구해서 미스 김 옆자리에 붙여주세요."

미스 김은 흥국생명에서 근무한 경험이 있는 일반 사원이었다. 그날부터 미스 김으로부터 업무일지 쓰는 법, 전표 작성하는 법 등 보험 업무에 관한 모든 일을 배워나갔다.

한 달여 동안 미스 김 옆에서 그녀가 하는 모든 업무를 그대로 따라 했다. 보험금 납입 정리 같은 일은 밤 12시 넘어서까지 해야 했다. 당시에는 컴퓨터 시스템이 갖춰져 있지 않아 계산기로 직접 정리를 해야 했기 때문이다. 또한 모든 전표를 손으로 작성해야 했기 때문에 정리하는 데에도 많은 시간이 걸렸다. 그렇게 야근을 하면 같이 하고, 밥을 먹어도 같이 먹었다. 한 달이 지나자 보험 관련 자금관리는 웬만큼 알게 되었다. 또한 자금부 등 다른 부서의 말단 직원들과도 아주 친하게 되었다.

그리고 다음 한 달간은 보험영업에 관한 일을 배웠다. 이번에는 대리, 차장 옆에 책상을 붙여놓고 세부 내용을 일일이 배웠다. 그렇게 또 한 달여 동안 곁에서 직접 해보니 거의 모든 보험 업무를 알게 되었고 법인영업에 대한 개념도 이해할 수 있었다. 어느 정도 보험 업무의 윤곽을 알게 되자 보람도 있었고 무엇보다 일반 직원들과 자연스레 친해지고 제대로 자리를 잡을 수 있어 흐뭇했다.

그렇게 6개월 동안 실무에 몰두하는 한편, 화요일과 금요일에는 새벽 5시 45분 첫 버스로 서울에 올라와 영업을 했다. 하루에 네 명을 목표로 조찬 전후로 한 명, 오전에 두 명, 오후에 한 명 정도를 만났다. 다행히 기대 이상의 성과를 거두었다. 특히 수익률이 높은 공공기관의 퇴직보험을 많이 유치했다. 그러나 은행 쪽 실적은 다소 부진하였다.

그러던 중 상대적으로 부진한 은행 퇴직보험에도 눈을 돌릴 기회가 생겼다. 외환은행의 퇴직보험이 80억 정도 되는데 경합이 치열하다는 말을 들은 것이다. 당시 외환은행장인 홍재형 행장을 찾아갔지만 만날 수가 없었다. 보험회사 영업부장 명함으로는 어림도 없었다.

결국 집주소를 알아내어 장문의 편지를 썼다. '지역 경제가 활성화되려면 서울이 도와주어야 한다'는 내용이었다. 장황했지만 나름대로 정성스럽게 쓴 편지와 백화점에서 산 굴비 한 두름을 들고 압구정동 집을 찾아갔다. 집 앞에서 기다리고 있다가 퇴근하는 홍재형 행장의 모습을 보고는 입구까지 따라가서 인사를 드렸다.

"청주에서 올라왔는데 만나뵐 수가 없어서 집까지 오게 되었습니다."

홍 행장은 무척이나 난감해 했다.

"집까지 와서 이러면……. 이런 일은 사무실로 연락하세요."

그리고는 그냥 집으로 들어가버렸다. 다시 초인종을 누르고 문이 열리자마자 편지와 굴비를 집 안에 던지듯이 넣어드리고는 도망치듯 나왔다.

다음 날 아침 사장이 부르셔서 가보니 외환은행 비서실장이 화를 내며 당장 와서 굴비를 찾아가라고 하였다는 것이다.

'이런 방법까지 동원해서 영업을 하는 게 아니었는데…….'

뒤늦은 후회를 하며 비서실장을 찾아갔다.

"앞으로는 절대 이런 일이 없도록 하세요."

비서실장은 이렇게 말했지만 뜻밖에도 담당 임원을 만나보라고 하였다. 그 길로 담당 임원을 찾아갔다. 그러자 담당 임원은 매우 신중한 태도로 말했다.

"일부 퇴직보험을 배정하겠습니다."

결국 외환은행으로부터 20억 원을 받게 되었다. 화를 내긴 했지만 홍재형 행장의 배려가 있었던 듯하다. 두고두고 감사한 마음을 간직하고 있다. 이를 계기로 금융권의 진정한 주류로 인정받게 되었다.

결국 주류란 출신으로 결정되는 것도, 실적만으로 평가되는 것도 아니었다. 구성원들의 마음을 얻고, 또 기대에 걸맞는 성과를 냈을 때에야 비로소 자신의 자리가 잡히는 것이었다. 나는 이를 육군에서 간부후보생 출신으로 21년, 그리고 은행관리실장으로 7년, 다시 보험영업 임원으로 5년이란 사회생활 33년 만에 비로소 깨달았다.

물론 누구에게나 그 기준이 같을 수는 없다. 그러나 누구를 만나든 말해주고 싶다. 자신이 선택한 일에 있어 '당당하게 주류에 서야 한다'고 말이다. 남들 시선 때문이 아니다. 이는 자신의 한계를 뛰어넘자는 이야기이고, 한편으로는 자기자신에 대한 치열함과 또 감사함의 표현이기 때문이다.

주면 더 큰 것을 얻는다

이쯤에서 변화의 도전 과정 중에 깨우친 이야기를 하고자 한다. 이는 내 삶의 가장 큰 철학이기도 하다. 바로 '주고받기'의 원리이다.

이는 사소취대捨小取大라는 말과도 통한다. 사소취대는 작은 것을 버리고 큰 것을 취해야 한다는 바둑 격언이다. 소탐대실小貪大失이라는 말도 있다. 작은 것을 탐하다가 큰 것을 잃는 것을 뜻한다.

실제로 바둑을 두다 보면 작은 것을 버리고 큰 것을 취할 때 이기는 경우를 자주 볼 수 있다. 직장생활이나 사업도 마찬가지다. 눈앞에 보이는 작은 이익만 쫓아다니다가 결국 아무 성취도 이루지 못하고 좌절하는 사례가 적지 않다. 작은 이익에 지나치게 집착하면 냉정을 잃게 되고 판단이 흐려지기 때문이다.

멀리 내다보고 작은 이익을 포기할 줄 알아야 승리할 수 있고 큰 것을 얻을 수 있다는 사실을 이해한다면 어쩌면 인생은 좀 더 수월하게 느껴질 것이다. 때문에 애정을 갖고 있는 사람들을 만날 때면 늘 '주고받기' 원리를 강조한다.

| 주고받기의 원리 |

내가 정리한 주고받기Give & Take 방정식은 간단하다.

$$T = G \times \alpha$$

T = Take (받는 것), G = Give (주는 것), α = 증대인수

이 공식의 원리는 주는 것은 알파가 덧붙어서 되돌아온다는 것, 즉 주는 만큼만 돌아오는 것이 아니라 알파라는 증대인수가 부가되어 돌아온다는 것이다.

이는 잡코리아를 창업하고 이끌면서 특히 절실하게 깨달았다. 돌이켜보면 소규모 벤처회사였던 잡코리아가 세간의 화제가 될 만큼 성공할 수 있었던 요인 역시 이러한 주고받기 정신 때문이었던 것 같다.

잡코리아 창업 당시 자본금은 모두 나의 돈으로 투자했지만, 아무런 조건 없이 직원들에게 절반의 지분을 주었다. 덕분에 후에 창업 멤버들은 수 십억 원의 재산가가 되었다. 때문에 잡코리아의 M&A가 기대 이상의 성공을 거두었을 때 주위 친구들은 이렇게 말했다.

"어이, 김 회장, 그때 권성문 회장에게 지분을 안 주었다면 훨씬 더

많은 돈을 벌었을 텐데 잘못 생각한 것 아닌가? 그리고 직원들에게도 지분을 주지 않았으면 몇 백억 원은 더 벌 수 있었을 텐데 말이야."

이에 대한 내 대답은 명료하다.

"내가 직원들이 투자자였던 권성문 회장에게 지분을 주지 않았더라면 잡코리아, 조은시스템 모두 망했을 수도 있어. 지분을 주었기 때문에 직원들도 마치 자기 일처럼 전력을 다할 수 있었던 거야. 나와 모두에게 윈윈게임이었던 게지."

출발 당시 멤버들에게 아무런 조건 없이 지분을 내주었던 것은 지금 생각해도 현명한 판단이라고 생각한다. 결국 이것이 동기부여가 되었기에 직원들이 매사에 최선을 다했던 것이다. 투자유치 역시 마찬가지였다. 세 배로 투자하겠다는 사람을 마다하고 액면가 참여자 중 비전 있는 투자자를 참여시킨 것이 이후 성공의 바탕이 되었다. 이 두 가지는 단기적 관점에서 보면 손해라고 볼 수 있으나 종국에는 큰 이익을 가져다준 결과가 되었다.

이렇듯 주고받기 원리는 개미와 진딧물의 관계처럼 공생의 순리를 따른다. 자기 의도를 관철하고 과제를 성사시키려면 상대방이 원하는 조건이나 요구를 처리해주는 노력이 있어야 한다는 뜻이다. 이 원리는 현재뿐 아니라 인류역사상 동서양을 막론하고 고금을 초월하는 불변의 진리이다.

옛날 이야기를 하나 해보겠다. 중국 전국시대의 대표적인 병법서인 《오자병법吳子兵法》을 저술한 오자가 하서河西 태수로 부임했을 때의 일이다. 당시 주민들은 냉담했다. 전임 태수가 이미 신뢰를 잃은 상태였기 때문이다. 그는 고심 끝에 동문에 팥 한 섬을 가져다 놓고 방을 붙였다.

"동문에 있는 팥을 북문으로 옮겨 놓는 자에게 은銀 스무 냥을 주겠다."

그러나 주민들은 그 방을 거들떠보지도 않았다. 주민들은 노력하여도 보상은 없고 착취가 심한 관에 불신이 많았다. 그는 주민들에게 움직이면 이익이 된다는 것을 알려주고 싶었다.

그때 어떤 사람이 팥을 옮겨 놓고 신고를 했다. 태수는 약속한 상금을 주어 성내에 화제를 만들었다. 그러고는 다시 남문에 큰 수레를 가져다 놓고 다시 방을 붙였다.

"이 수레를 서문으로 옮기고 신고하는 자에게 땅 천 평을 주겠다."

이번에는 방이 붙자마자 주민들이 서로 옮기려고 하였다. 이미 태수가 주민들에게 이익을 준 바 있기 때문이다. 그 이후로도 그는 철저하게 보상 방식의 시정을 폈다.

이는 특히 전쟁에서 진가를 발휘했다.

"이번 공격에서 저 성에 가장 먼저 올라가는 자에게는 큰 포상을 내리겠다."

"전쟁에 공을 세우면 누구든 자손에게까지 큰 봉록을 주겠다."

이런 약속을 하고 또 그 약속을 철저히 지켰다. 그 결과 하서 주민의 결속력은 강해졌고 연전연승을 하게 되었다.

주고받기 원리는 서양에서도 마찬가지다.

나폴레옹이 로마를 공격하고자 알프스를 넘을 때 병사들은 지치고 힘들어 더 이상의 진격이 가능할 것 같지 않은 상태였다. 사기를 잃은 부하들에게 나폴레옹이 내민 것은 당근이었다. 대열 사이를 말을 타고 다니면서 병사들을 독려했다.

"저 고지만 넘으면 너희가 얻을 수 있는 모든 것이 있다. 술도 있고 여자도 있고 음식도 있다. 그러나 물러서면 죽음밖에 없다!"

그리고 쇠붙이로 훈장을 만들어서 전공을 세운 병사에게 직접 달아주곤 했다.

"이 훈장은 나폴레옹과 함께 용감하게 싸운 보답이고 명예의 상징일세. 자손대대로 누릴 영광을 주겠네."

전공을 크게 세운 장병에게 훈장을 달아주며 치하를 하자 온 장병이 그 훈장이라는 것을 받고자 목숨을 바쳐 싸우는 것을 두려워하지 않게 되었다.

이처럼 주고받기 원리는 예나 지금이나 마찬가지다. 먼저 행하지 않으면 상대를 움직이기 어렵다. 성과에 대한 보답이나 대가가 없다면 누가 움직이려 하겠는가. 이는 성공한 사람이라면 누구나 깨닫는 만고의 진리이다.

그렇다면 왜 주고받기 원리가 진리일까?

이는 우리가 가진 자아自我 때문이다. 자기 이익을 추구하고 자기실현을 도모하는 것은 인간의 본성이다. 누구나 추구하는 욕망이기도 하다. 때문에 상대를 움직여 원하는 것을 얻으려면 상대방의 욕구를 먼저 채워주어야 한다.

그럼 무엇을 주어야 할까?

줄 수 있는 것은 너무나 많다. 정情, 사랑, 돈, 물질 등 받는 이의 기분을 좋게 해주는 것뿐만 아니라 질책, 체벌, 그 어느 것도 적극적으로 주면 서로의 관계는 깊어지기 마련이다. 동기를 부여하고자 중요 임무나 비전을 주는 것 역시 주기Give의 방편이 될 수 있다.

결국 그 어떤 것이든지 주면 더 큰 것을 얻을 수 있다. 현미경 잣대를 들이대고 지금 눈앞의 이익을 따지는 것보다 당장은 손해보는 것 같지만 주변 사람들을 배려하면 언젠가 더 큰 이익이 되어 나에게 돌아온다는 사실을 기억하길 바란다.

| 아버지의 교훈 |

이렇듯 '주고받기'의 원리를 깨우치게 된 것은 아마도 아버지의 영향이 크지 않았나 싶다. 아버지는 남에게 베푸는 성품을 지니신 분이었다.

일제 강점기 당시 철도공무원으로 남 부럽지 않은 직장에 다녔건만 무엇이건 하나라도 더 베풀고 싶어하셨던 아버지의 성품 탓에 우리 7남매는 무척이나 많은 고생을 해야 했다. 배급으로 나온 쌀도 우리보다 더 가난한 사람에게 나누어주곤 해서 정작 우리 가족들은 굶는 일이 잦았다.

아버지는 목포에서 대전으로 가는 열차의 차장이셨는데, 아버지가 열차에 오르는 날에는 무임승차 승객이 유난히 많았다고 한다. 가난한 상인들이 아버지의 열차 일정을 알아내어 무임승차를 했기 때문이다. 모두 열차를 타고 목포에 가서 건어물, 멸치, 젓 등을 떼다파는 보따리 상인이었다.

해방이 되어 일본 사람들이 물러가고 모두 승진하였지만 아버지는 그대로였다. 공직자로서 정에 이끌려 처신했던 업무 태도가 아마도 상사들에게는 무능력하게 보였나 보다.

덕분에 우리 형제들은 명문학교에 합격하고도 입학금을 내지 못해 들어가지 못하거나 들어가서도 학업의 중단을 반복하는 등 힘든 성장기를 보냈다. 당시로는 어찌나 한이 되었는지 지금도 그 시절을 생각하면 화가 나고 눈물이 앞선다. 여장부 기질을 지닌 어머니께서 7남매의 생계를 책임지고 뒷바라지하지 않았다면 우리 형제들은 아마도 지금과 같이 온전치 못했을 것이다.

때문에 돌아가신 아버지의 추모예배를 드릴 때면 늘 성토의 시간이 이어진다.

"처자식은 돌보지 않고 뭐든지 남에게 주기만 하셨던 아버지 탓에 우리가 너무 힘들었어요. 정작 당신은 무능하다는 평만 들으시고 고생이 너무 심하셨잖아요."

그러면 고모들은 우리들을 다독이신다.

"너희들이나 가족들이 이만큼이나 잘 살게 된 것도 결국은 아버지 음덕 탓이다. 과거를 탓해서 무엇하겠느냐."

아무것도 바라는 것 없이 베푸시기만 했던 아버지. 그래서 도리어 가족들에게는 실속 없다는 말씀을 들어야 했던 아버지의 성품에 대해 지금도 가족들은 엇갈린 논쟁을 벌이곤 한다. 그러나 아버지께서 보여주셨던 "베풀어라."라는 언행은 무의식 중에 내 속에 굳게 자리잡아 오늘날까지도 큰 영향을 끼치고 있음이 분명하다.

| 손해가 이익 |

앞서 밝혔지만 군에서 나와 은행에서 근무하던 시절, 나는 개인적인 성과만 생각한 나머지 실적을 올리는 것에만 신경을 썼다. 주변 동료가 나를 어떻게 생각하는지는 전혀 개의치 않고 목전의 명리에만 치우쳐 예금 수탁액 1위, 신용카드 회원가입 1위를 했다. 그 결과 실적이 있음에도 '군발이는 물러가라.' 라는 이야기를 들어야 했다. 결국 은행에서 계속 근무를 하지 못하고 보험회사로 전직할 수밖에 없었다.

이 일은 내 인생에 두고두고 큰 교훈으로 남았다. 당시만 해도 나는 "무조건 이겨야 한다!"라는 승부욕에 불타올랐었다. 특히 사회에 나와 군 출신에 대한 선입견과 마주할 때면 승부욕은 더욱 강해졌다. 하지만 그렇게 질 줄 모르고 이기려고만 했던 것이 오히려 화를 불러온 셈이었다.

만일 함께 일했던 동료에게 내가 이룬 영업 성과를 나누어주고 함께 공을 나눴다면 결과는 달라졌을지도 모른다. 어쩌면 직원들의 신뢰와 사랑을 받아 금융인으로 성공했을지도 모른다. 큰 교훈을 얻었으니 그것만으로도 다행이라 여기지만 안타까운 마음이 드는 건 어쩔 수 없다.

그래서 때로 "왜 군 출신들은 사회에서 제대로 성공하지 못하는 겁니까?"라는 군 후배들의 질문을 받을 때면 나와 같은 실패의 과정을 겪지 말라는 뜻에서 조언을 해준다.

"우리 군인 출신들은 누구보다도 헌신적이고 적극적이며, 조직관리 능력이 뛰어나고 인간관계가 좋은 사람들입니다. 그럼에도 사회에서 성공하지 못하는 이유는 질 줄 모르기 때문이 아닐까 합니다. 지지 않고 이기려고만 하기 때문에 직장생활에서 네트워킹이 약해지고 도움을 얻지 못하는 경우가 생기는 것이지요. 내가 은행에서 성공하지 못했던 이유도 누구에게든 지지 않으려 했기 때문이었습니다. 만약 넉넉한 마음을 가지고 질 줄 아는 사람이었다면 상황은 달라졌을지도 모릅니다. 아마 은행인으로, 보험인으로 큰 성공을 거두었을지도 모릅니다. 이렇듯 이기려면 질 줄 알아야 한다는 원리를 알면 누구라도 성공할 수 있다고 생각합니다."

앞서 말한 주는 것과 거는 것은 유사한 면이 있다. 하지만 군에서는 지는 것을 가르쳐주지 않는다. 군에서 지는 것은 패전을 뜻하고 이는 곧 죽음과도 같다. 하지만 군과 사회는 다르다. 그래서 군인 출신들은 물론이고 누구든 사회에 나오면 제일 먼저 지는 것부터 배워야 한다고 생각한다.

한편으로는 참는 것도 배워야 한다.

지는 것과 참는 것, 이 두 가지를 배우지 않으면 사회에 적응하는 데 어려움을 겪을 수밖에 없다. 지는 것을 받아들이고 참을 줄 알아야 사회에 나와 적응하고 즐겁게 경쟁할 수 있다.

| 권한보다는 책임 |

'주면 더 많이 돌아온다.' 라고 강조하지만 리더로써 주기에 가장 곤혹스런 부분이 바로 '권한' 이다. 권한은 과연 얼마나 주어야 할까?

권한이 있어야 사람들을 움직일 수 있겠지만, 사실 권한을 준다는 문제는 어렵기만 하다. 권한과 책임이 함수 관계에 있기 때문이다. 그러면 권한이 중요할까, 책임이 중요할까? 많은 사람이 이를 닭과 계란에 비유하곤 한다.

하지만 이 문제는 주는 사람보다는 받는 사람이 앞서서 고민해야 할 문제라고 생각한다. 권한을 받으려 애쓰기보다는 책임을 먼저 받아들이라는 말이다.

사실 권한이 없으면 조직 장악이 어렵다. 하지만 책임을 지려 하지 않는 사람, 중요한 일이 있을 때 앞장서지 않는 사람에게 조직을 지휘하는 권한을 줄 수는 없는 일이다. 권한에는 책임이 함께 해야 하기 때문이다. 따라서 권한을 가지려면 책임을 도맡는 비범한 노력이 필요하다.

권한을 갖는다는 것은 어려운 일이 있을 때 책임도 지겠다는 것을 뜻한다. 어찌보면 당연한 이야기를 이렇게 굳이 하는 이유는 많은 사람이 간과하고 있는 상식이기 때문이다.

회사를 창업하고 몇 사람의 임원이 있었다.

그중 한 분은 "열심히 일을 할 테니 권한을 달라."고 요청을 했다. 권한이 있어야 열심히 일을 할 수 있지 않겠냐는 것이었다. 하지만 그에게는 권한을 주지 못했다. 권한을 주려 몇 번 시도했으나 책임을 지려고 하지 않기에 결국은 줄 수 없었던 것이다.

다른 한 사람은 박사 학위를 갖고 있는 인품 좋은 분이었다. 공직 출신으로 대학에 겸임교수로도 나가는 그는 등기임원이 되어 회사에 기여하기를 원하였다. 등기임원이란 회사 등기부에 임원으로 기록되어 있는 사람으로서 일반 비등기임원에 비해 책임과 권한이 더 많이 부여되는 편이다.

사회 경험은 짧았지만 그 적극성을 믿고 등기임원에 추천하였고 선임되었다. 등기임원의 역할 중 하나는 회사의 크고 작은 계약 시에 책임을 지고 연대해서 서명하는 것이다. 그러나 그는 인감도장을 사용하는 일에는 동의를 하지 않았다. '책임은 지지 않겠다. 권한만 달라'는 태도였다. 결국 임원으로서 업무수행이 어렵겠다는 판단이 들었고 회사를 그만두게 할 수밖에 없었다. 권한에는 반드시 책임이 동반되어야 하기 때문이다.

성공하려면 어느 조직에서나 신뢰를 얻어야 하고, 그러려면 책임과 권한을 잘 운영해야 한다. 이는 많은 사람이 기억해둘 일이다.

회사에서 비상계획 업무만 맡긴다고 고민하면서 조언을 부탁하는 군 출신 후배들이 있다.

"군 출신이라고 비상계획 업무만 주네요. 좀 더 다양한 일을 하고 싶은데……."

해결책은 간단하다.

"원하는 일을 하고 싶다면 요구를 하기에 앞서 회사의 신뢰를 얻도록 하세요. 자기 업무에서 능력을 발휘하는 것은 물론 책임감을 지니는 겁니다. 이와 함께 하고 있는 일, 하고 싶은 일에 대해 전문적인 식견을 갖도록 하세요. 그러면 기회를 얻게 될 거예요. 회사의 신뢰를 얻는 것이 무엇보다 중요합니다."

그러면 후배들은 더 구체적인 방법을 묻는다. 나는 답한다.

"회사에 기여를 하세요. 실적을 올려 이익을 창출하든, 관리 개선을 하여 손실을 줄이든 할 일은 많을 겁니다. 무엇보다 중요한 건 힘들고 어려운 일이 생기면 앞장서야 한다는 것입니다. 책임감을 갖고 나서야 하는 것이지요. 그러면 권한은 절로 따라오게 됩니다."

결국 권한과 책임은 동전 앞뒤면의 관계와도 같다.

성공한 사람들의 공통적인 특징은 어떤 연유로 입사하였든 꼭 필요한 사람이 되었다는 것이다. 그래서 누구에게나 열 번이고 스무 번이고 항상 말한다.

"회사에 더욱 열정적으로 기여하세요!"

이는 결국 회사나 몸담고 있는 조직에 열정을 먼저 보여야 한다는 말이다. 그러면 분명 되돌아오는 것이 있을 것이다. 회사에 뭔가를 주는, 즉 기여하는 직원, 그리고 책임질 줄 아는 직원에게 회사는 더 큰 권한을 줄 것이다. 성공을 원하는 이에게 이 말 이외에는 더 중요한 말도 더 조언할 말도 없다.

결국 세상만사가 마찬가지 아닐까.

사람이나 조직, 일이나 사랑 모든 일에서 더 많이 주고, 다소 잃더라도 이를 두려워하지 않는다면 결국에는 더 큰 것을 되돌려받게 된다. 매사를 주고받기Give & Take 원리에서 바라본다면 결코 손해는 보지 않을 것이다.

인생 후반전에
희망을 주는 삼다 三多

간혹 친구들이 묻는다.

"왜 그렇게 힘들게 사나, 쉬면서 즐기면서 사는 방법도 얼마든지
있을 텐데."

그러면 답한다.

"걱정하지 마. 충분히 즐기고 있다고!"

친구들이 보기에는 내 삶이 너무 분주해 보이는 모양이다.

어쩌면 사실일지도 모른다. 하나님께 모든 일을 감사드리고 있지
만 '하나님은 왜 24시간만 만드셨나?' 하는 생각이 들 정도로 '시간'
만은 늘 불만이다. 한정된 시간 탓에 마음과는 달리 삼다三多의 삶을
맘껏 누리지 못하기 때문이다. 나에게 삼다는 인생을 낙원으로 만드
는 에너지 원천인데 말이다.

삼다란 바로 즐겁게 일하고 노력한다는 뜻의 '다노多勞·努'와 쉼없이 배우는 '다학多學', 그리고 늘 남에게 주고 싶어하는 '다시多施'를 뜻한다.

| 미치면 미친다, 다노多勞·努 |

나의 하루 평균 수면시간은 4시간 30분이다.

주변의 사람과 비교했을 때 길지 않은 시간이다. 하지만 새로운 변화, 내 안에서 꿈틀거리는 열정을 실천하려면 잠자는 시간조차 늘 아쉽다. 이런 나에게 나와 비슷한 생각을 갖고 하루가 너무 짧다고 투덜대며 시간관리에 대한 조언을 구하는 벤처 기업 후배들이 가끔 찾아온다.

"선배님, 선배님은 어떻게 시간을 관리하세요?"

나의 시간관리 원칙은 간단하다.

"몇 개의 원칙을 정해놓고 있어요. 첫째는 철저한 계획 아래 시간을 사용한다는 것이지요. 그렇지 않으면 낭비가 되기 때문입니다. 둘째는 자투리 시간을 활용하려고 노력합니다. 출퇴근 시간이나 고객을 기다리는 시간 같은 틈새를 소중히 활용하는 것이지요. 셋째는 주말을 효율적으로 이용합니다. 주말은 확대 재생산이 가능한 때입니다. 즐거운 일을 찾아서 하다 보면 생산성도 높이고 휴식도 취할 수 있지요. 그리고 넷째로는 두 가지 일을 동시에 하는 방법을 연구해요. 예를 들어 런닝머신을 뛰면서 테이프로 외국어 공부를 하는 것이지요.

마지막으로 시간은 무기라는 개념을 가지고 있습니다. 시간을 적절히 잘 이용해야 훌륭한 인맥도 만들 수 있고 아이디어도 만들 수 있으니까요. 진실로 시간은 인생에 있어 소중한 무기입니다."

시간이라는 자원은 순간이 지나면 영원히 돌아오지 않는 소중한 보물이다. 그러므로 온갖 열정을 다 바쳐 활용해야 할 필요가 있다. 시간을 잘 관리하여 성공한 사례는 매우 많다.

빌 게이츠가 대표적인 경우이다.

그는 부자집 출신으로 부모 후광으로 편하게 살 수도 있었지만 다가올 컴퓨터 시대를 예상하고 시골로 들어가 좋은 소프트웨어를 개발하는 데 시간을 집중했다. 그리고 세계가 주목할 만한 제품을 만들고 시장점유율을 높이고자 최선을 다했다. 그러나 소프트웨어 개발 이전에 그가 착안한 것은 시간 활용의 기술이었다. 그는 성공한 후 이렇게 말했다.

"오늘의 나를 만든 것은 작은 공립도서관이다. 나는 이 곳에서 시간을 헛되이 쓰지 않는 법을 익혔다. 아무리 바빠도 매일 한 시간씩, 주말에는 두세 시간씩 반드시 책을 읽었다. 그 시간은 내 삶의 어느 순간보다 소중했다."

평범한 삶 대신 시간을 아껴 세상에 기여할 수 있는 새로운 영역을 개척한 경우이다. 재미있는 것은 빌 게이츠처럼 시간에 대한 소중함을 깨닫는 사람 대부분이 자신의 분야에서 최고의 정점에 이르게 된다는 사실이다.

최근 읽었던 《1년만 미쳐라》라는 책은 이를 잘 설명해주고 있다.

자기변화를 주제로 강의를 하는 강상구 씨가 쓴 책으로 성공한 사람들은 대부분 주어진 시간 동안 자기 일에 미쳤던 사람이라는 것이 주요 내용이다. 저자는 성공이란 결국 주어진 시간을 어떻게 썼느냐에 따라 판가름이 난다고 말한다. 그리고 시간을 가장 효율적으로 쓰는 방법은 바로 '미치는 것'이라고 했다.

아무도 성공할 거라 예상하지 못했지만 자신만의 영화 스타일을 고집해 성공한 김기덕 감독도 미치지 않았다면 그 숱한 혹평과 어려움을 견뎌내기 힘들었을 것이다. '총각네 야채가게'의 이영석 대표 또한 자신의 일에 미치지 않았다면 "젊은 사람이 웬 채소장사를 하느냐?"라는 비아냥을 그냥 지나치지 못했을 것이다. 하지만 일에 미쳐 있었기 때문에 그들은 남들이 뭐라 하든 상관하지 않고 자신만의 영역을 구축할 수 있었다. 때문에 저자는 "성공하고 싶다면, 삶의 변화를 추구하고 싶다면 딱 1년만 미쳐라."라고 말한다. 1년만 미치면 삶이 변화될 수 있다는 것이다.

전적으로 그의 말에 공감한다. 시간은 누구에게나 똑같이 주어진다. 따라서 남과 다른 열정을 가지고 일에 미치지 않는 한 절대로 치열한 경쟁에서 살아남을 수 없다.

나에게도 미쳐있었던 기억이 있다. 따져보면 지금까지 4번을 미쳤고, 앞으로 2번 더 미칠 작정이다.

처음에 미친 것은 바둑이었다. 30여 년 전 보병학교 작전교관을 하던 시절, 점심 후 장교식당에서 바둑을 두는 경우가 종종 있었다. 가끔 구경한다고 서 있었는데 하루는 선배 한 분이 자극을 주었다.

"작전교관이 바둑도 못 두고 무슨 작전을 가르치나!"

그날 가장 큰 기원을 찾아가 염찬수 프로3단을 만났고, 6개월간의 개인지도 과정을 신청하였다. 어깨너머 배운 바둑보다는 정통 바둑 수업을 받아 실력을 갖추어야 한다는 생각에서였다. 어깨너머 배운 바둑은 5급을 넘지 못하는 경우가 대부분이다.

그날부터 날마다 퇴근 후에 바둑공부를 했다. 주말에는 거의 모든 시간을 바둑에 미쳐 살았다. 《조남철 바둑》, 《시까다 바둑》 등 바둑책 10여 권을 외워서 보지 않고도 기보(종이에 바둑이 놓아진 순서를 표시하는 것)를 놓게 되었다. 그 결과 바둑을 시작한 지 8개월 만에 아마 4단이 되었다. 그리고 무엇이든 노력하면 노력한 만큼 성과가 생긴다는 확신을 하게 되었다.

이게 바로 내가 말하는 다노의 삶이다. 주어진 시간을 최대한 활용해 열정을 다 바쳐 미치는 것이다. 결국 다노의 바탕은 무언가에 미치는 것에 있다. 아무튼 미치면 다 된다.

| 배우는 만큼 젊어진다, 다학多學 |

다학多學은 말 그대로 많이 배우라는 뜻이다.

30년 전 바둑에 이어, 두 번째 미친 것은 컴퓨터였다. 20년 전 컴퓨터에 미쳤던 나는 처음 두 달 동안은 밤을 세우다시피 공부를 했다. 신기하게만 생각했던 컴퓨터를 실제로 배우면서 점차 그 매력에 빠져들어 회사에서 일이 끝나면 곧장 컴퓨터학원으로 달려가 어린 중학생들과 함께 컴퓨터를 배웠던 것이다.

매일 열 손가락을 다 쓰는 자판연습을 했다. DOS 시스템 명령어를 모조리 외울 정도로 컴퓨터에 미쳐 살았다. 컴퓨터가 숙달될 무렵에는 한국생산성본부에서 처음으로 개설한 경영정보시스템 과정, 즉 MIS 과정에 등록해 청주와 서울을 오가며 열정적으로 컴퓨터를 배웠다. 그 결과 경영정보관리사 MIS 자격증을 취득했고 이를 통해 남보다 먼저 정보화에 눈을 떠 IT 기업을 창업하게 되었다.

그리고 세 번째, 10년 전에는 인터넷에 미쳐 정보의 바다에 빠져 살았다.

내가 원하는 정보를 쉽게 얻을 수 있다는 신기함에 놀라 인터넷에 빠져버린 것이다. 그래서 전경련의 국제경영원에 이비즈니스E–Business 과정이 생겼을 때 1기로 등록하고 이비즈니스 컨설턴트 자격증도 땄다. 보안서비스, 인터넷, PC 백업 복구 솔루션 등 세 개의 IT 기업을 창업하고 경영할 수 있었던 것도 그때의 감각이 나를 이끌어온 것이라 생각한다.

네 번째로, 요즘에는 외국어에 미쳐 살고 있다.

외국어는 외국 파트너와 효율적인 업무 추진을 위해 필요할 뿐만 아니라 다양한 비즈니스를 위해서도 필수적이기 때문이다. 특히 영어와 중국어에 빠져 있는데, 미국인과 중국인 개인교수를 두고 시간이 날 때마다 도움을 받는다. 시간을 절약하려고 자동차에서는 항상 어학 테이프를 듣고 집에서는 시청각 시스템을 설치하여 활용하고 있다.

이처럼 늦은 나이에 외국어에 열을 올리는 이유는 통역을 이용하는 비즈니스가 불편하기도 하거니와 내년 북경올림픽에 가까운 몇 분을 동반하여 모시고 가기 위함이다.

10년 후에는 무엇에 미쳐 있을까?

이런 상상은 절로 미소를 짓게 한다.

아마 문화 사랑에 빠져 있지 않을까 한다. 우리 사회를 밝게 변화시키는 연극, 영화, 오페라, 뮤지컬을 후원하여 주변을 역동적인 분위기로 만드는 데 이바지하고 싶다. 문화야말로 나뿐 아니라 다른 사람을 미치게 하는 가치 있는 분야라 생각하기 때문이다.

지금부터 20년 후를 말하면 건방지다는 소리를 들을까? 사실 나는 20년 후의 계획까지 있다. 그때 내 나이 87세.

여건이 된다면 고고학이나 인류학 공부를 해보고 싶은 마음이 간절하다. 젊었을 때 해보고 싶었는데 너무 바빠 이루지 못했다. 90을 바라보는 나이에 너무 욕심 부리는 것은 아닐는지……. 하지만 경영학의 아버지 피터 드러커도 이렇게 말하지 않았던가.

"내 인생의 정점은 90세였다."

그의 말대로라면 자신감을 가져도 될 것 같은데 아직은 모르겠다. 더 지켜보아야 하겠다.

이처럼 다학은 내 삶을 지탱해주는 너무나도 소중한 삶의 원천이다.

창업 이후 13년간 실력이 중요하다는 절박한 마음에 여러 곳을 다니면서 공부를 하였다. 2년 단위로 지속적인 연찬의 기회를 가질 수 있었던 행복한 시절이었다. 국제경영원의 GBS, 서강대, 고려대 등의 AMP, 연세대 정책과정, 고려대 정보통신과정과 언론과정, 서울대 전자상거래과정, 문화커뮤니케이션과정, Wharton-CEO과정을 즐기면서 거쳐왔다.

독서 역시 나에게는 빼놓을 수 없는 다학의 즐거움이다. 책은 바라만 보아도 큰 부자가 된 것처럼 든든하다. 아무리 바빠도 한 달에 두세 번은 광화문 교보문고에 간다. 머리가 복잡하고 일이 풀리지 않을 때 객장에서 눈빛이 살아있는 수백 명의 사람들을 만나면 새로운 활력을 얻곤 한다. 스트레스도 풀고 활력을 얻는 이 비법을 모두에게 권유하고 싶다.

그리고 마지막으로 스키 실력을 좀 자랑하고 싶다. 60대 중반이었던 3년 전 처음 스키를 배웠는데 지금도 가끔 설원을 달리는 즐거움에 빠지곤 한다. 그런데 한마디씩 지청구를 하는 사람들이 꼭 있다.

"남들 다 정리하는 위험한 운동을 지금 배워서 뭐하려고 해?"

그러면 나는 당당하게 답한다.

"남들 끝내니까 시작하는 거지."

배움은 아무리 배워도 끝이 없다. 다학多學은 억지로 이것저것을 배우는 것이 아니라 배움 그 자체를 즐기는 것이다. 젊음의 엔돌핀이다.

| 주고 또 주라, 다시多施 |

기업인으로서 유한킴벌리의 유일한 박사나 삼영의 이종환 회장, 또 세계 최고의 투자자 워런 버핏이나 경영인 빌 게이츠의 선행을 생각할 때면 늘 고개가 숙여진다. 남에게 베풀고자 하는 다시多施의 뜻이 있건만 항상 부족하다고 느껴지는 탓이다. 하지만 기회가 있을 때마

다 다시의 뜻을 실천하려고 노력하고 있다. 다시의 삶은 내 삶을 더불어 풍요롭게 해주는 까닭이다.

하루에도 수없이 울리는 내 핸드폰의 전화벨 가운데에는 자선단체의 전화도 적지 않다. 어떻게 번호를 알았는지 많은 단체가 전화를 걸어온다. 다행인 것은 내가 이 전화들을 한 번도 거절하지 않았다는 것이다. 다행이라는 말을 하는 이유는 내가 그들에게 베풀 수 있는 마음과 능력이 있다는 사실 때문이다.

또 얼마 전에는 조은시스템에서 오랜 공헌을 한 임직원과 함께 개인적으로 20억 원 정도를 불우장애시설 및 연관된 몇 개 대학에 보내줄 수 있었다. 죽은 후의 시신도 이미 연구용으로 기증 등록을 마쳐놓은 상태다.

하지만 이것만으로는 부족한 감이 있었다. 그래서 지난 2006년 조은문화재단을 설립하였다. 우선 현금, 주식, 부동산 등을 합하여 50억 원 규모로 운영하고 향후 10년간 400억 원으로 늘리는 것을 목표로 하고 있다. 큰 목표이지만 하나님이 해주실 것으로 믿는다. 이렇게 설립된 조은문화재단은 현재 10여 개의 불우시설과 재활기관, 20여 명의 젊은이들을 후원하고 있다.

사실 일련의 기부활동을 이렇게 밝히는 것은 다소 남부끄러운 일이다. 때문에 그동안 언론사의 인터뷰 요청도 모두 거절해왔다. 그런데 딱 한 곳만은 취재를 허락했다. 바로 〈건대학보〉다. 젊은 대학생들에게 삶의 의미를 전해주고 싶어서였다. 평소의 내 생각을 잘 정리했기에 여기에도 소개하고자 한다.

좀 쑥스럽지만 많은 사람이 읽고 오래도록 남을지도 모를 이 책에 이렇게 싣는 이유는 한 줌 흙으로 돌아갈 때까지 베푸는 삶을 꾸준히 실천하겠다는 약속을 하고 싶어서이다.

"얼마 전 대학에 2억 원이라는 거금의 발전기금이 기부되었다. 그 기금의 주인공은 시스템경비와 통합보안 전문회사인 조은시스템의 김승남 회장이다. 그런데 궁금한 점은 김 회장이 건국대 출신이 아님에도 학교 발전을 위해 2억 원이라는 큰돈을 기꺼이 쾌척했다는 사실이다.

알고 보니 김 회장의 딸과 사위가 바로 건국대 출신의 재원이었다. 의대를 졸업한 이후 서울 아산병원에서 전공의와 임상의를 거쳐 미국 UCSF 의과대학원에서 2년간 연구하고 귀국한 딸 김경진 박사는 90학번, 의대 재활의학과에서 부교수직을 맡은 사위 고성은 교수는 86학번으로 두 사람 모두 의대 수석졸업의 영광을 안은 건대인들이다. 게다가 현재 김경진 박사는 성가복지병원에서 무료 진료로 봉사 중이다. 이처럼 건국대에서 수학한 후 사회에 일익을 담당하고 있는 그들을 보며 김 회장은 선뜻 딸과 사위의 모교에 발전기금을 쾌척하게 된 것이다. 발전기금뿐만 아니라 그는 이미 건국대에 사후 연구용으로 시신기증 등록도 마친 상태다. 이처럼 김 회장은 스스로를 아끼지 않고 좋은 사회를 만들고자 끊임없이 앞장서고 있다.

김 회장은 올해 66세라는 나이가 믿기지 않을 만큼 젊은 인상을 풍긴다. 남들 같으면 퇴직하여 노년의 인생을 만끽해도 될 나이에, 하루 24시간이 부족할 정도로 바쁘게 일과 자기 발전에 전념하는 김 회장은 그래서 일명 '열혈 청년' 으로 통할 정도다. 김 회장의 열정 때문일까, 그가 경영하는 조은시스템은 해마다 성장에 성장을 거듭하고 있다. 그래서 지금은

2,000여 명이 넘는 직원과 함께 1,000억 원 이상의 매출을 올리며 인천 공항과 은행 등에 보안시스템을 제공하고 한국은행, 한전 등 공공시설은 물론 대형빌딩과 아파트에 전자보안, 시스템보안, 정보보안, 전문인력보안 등 최첨단의 보안시스템을 서비스하여 국내에서 4위 안에 꼽히는 보안전문 기업으로 자리매김했다. 조은시스템은 김 회장이 50대 중반의 나이에 창업한 회사다. 뒤늦은 나이에 시작한 창업은 그의 남다른 이력 때문이다. 김 회장은 21년의 직업군인 생활과 11년간의 금융인이라는 이력이 있다. 그러다가 충북은행 안전관리부장을 역임할 당시 보안과 컴퓨터에 눈을 뜨기 시작하면서 지금의 보안전문 회사인 조은시스템을 설립하게 된 것이다.

요즘 리쿠르팅 네트워크의 선두주자로 달리고 있는 잡코리아의 창업자도 바로 김 회장이며 컴퓨터 백업·복구 솔루션 업체인 SJ인포텍 등 앞서가는 기업들도 운영하고 있다.

김 회장은 지금도 세계 최고의 경영대학원으로 불리는 와튼스쿨의 최고 경영자 과정을 통해 CEO로서의 역량을 더욱 키워가고 있다. 이에 더하여 2006년 6월에는 문화지원과 인재지원, 평화연구지원을 목표로 조은문화재단을 설립하였다. 게다가 전경련의 시장경제 지도자 양성과 사단법인 미래준비의 대학생 멘토링을 담당하는 등 그는 열정을 사랑하는 사람이다. 그는 우리 사회를 진취적이고, 적극적으로 변화시키고 싶다고 말한다. 공정한 경쟁이 이루어지고 신의가 지켜지는 사회, 누구에게나 아름다운 꿈과 이상을 갖게 하는 사회를 만드는 데 작은 밀알이 되고 싶다고 말하는 김승남 회장, 앞으로 5억 원의 대학발전기금을 더 기부하기로 약정한 그는 학교의 모든 학생과 임직원들을 향해 건국대가 세계적인 명문사학으로 도약하기를 기원했다".

더 많이 노력하고 일하며, 더 많이 배움의 기회를 얻으며, 능력껏 베풀며 살아갈 수 있다면 인생은 얼마나 더 큰 가치가 있을까? 삼다三多의 삶은 누구나 실천할 수 있다.

더불어 한마디 덧붙이고 싶은 말은 '인생이 왜 이렇게 힘들지?' 라고 불평하지 말자는 것이다. 우리 인생은 숨쉰다는 것 이상의 가치가 있기 때문이다.

Thank to Dream

PART 2

꿈이 밑천이다

"성공의 반은 죽을지 모른다는 긴박한 상황에서 비롯되고, 실패의 반은 잘 나가던 때의 향수에서 비롯된다."라는 말이 있다. 언제 어디서나 긴장을 늦출 수는 없는 일이다. 나는 오늘도 더 '조은' 내일을 만들기 위해 고심한다.

THANK TO DREAM

조은시스템,
작지만 독특한 특성을 만들다

"사업을 하시겠다고요?"

청주에 살던 1993년, 누구나 인생에는 몇 번의 전환기가 있다는데 직업군인으로, 금융인으로 굴곡이 심했던 나에게도 창업의 결정을 해야 할 상황이 닥쳤다. 충북은행에서 보험사로 적을 옮긴지 5년째, BYC 생명보험의 상무이사로 있을 즈음이었다.

사회적 지위와는 다르게 경제적으로는 몹시 힘든 상태였다. 10년 전 재정보증을 서준 것이 화가 되어 경제적 파산을 겪은 뒤였기 때문이다. 겨우 빚을 수습하고 나니 남은 것은 아파트 한 채와 저축한 2,000만 원이 전부였다. 아이는 모두 셋으로 연년생인 아이 둘은 대학생이었고, 막내는 고등학생이었다.

다시 한 번 망한다면 재기는 도저히 불가능할 것 같은 시점이었다.

하지만 마음속 깊은 곳에서는 '내 사업'을 한 번 해보고 싶다는 열정이 불타올랐다. 게다가 어렵게 경비보안 허가증을 받아놓았는데 실적이 없어 반납해야 할 즈음이었으니 고민이 될 수밖에 없었다. 그래서 한영제 목사에게 찾아가 상담을 했다.

"우연히 후배의 주선으로 경비보안법 허가를 받아놓았는데 사업을 해야 할지 허가증을 반납하고 포기하는 게 좋을지 확신이 서지 않습니다. 어떻게 하는 것이 좋을까요?"

"사업을 하고자 하는 목적이 무엇인데요?"

"직장생활을 30여 년 했는데 변화도 추구해보고 싶고, 한 번뿐인 인생 무언가 가치 있는 일을 해보고 싶어서요."

한영제 목사와의 진지한 대화는 계속 이어졌다. 공군군목으로 전역하고 교회를 개척한 지 얼마 되지 않은 이 젊은 목사는 빙긋이 미소를 지으며 말했다.

"돈을 벌어서 하나님이 기뻐하실 일을 할 수 있다면 한번 해보시지요."

집에 돌아오니 아내 역시 거들었다.

"우리는 큰 배경이 있잖아요. 하나님이 후원자인데 뭐가 두렵지요?"

꼬박꼬박 월급이 나오는 직장의 유혹을 쉽게 뿌리치지 못했던 나에게 아내는 도전해보자는 용기를 주었다. 살아오면서 뭔가 세상에 기여를 해보고 싶은 마음이 항상 있었고, 아내의 격려가 큰 힘이 되어주었기에 마침내 '사업을 해보자.'라는 결론을 내렸다.

가진 돈 2,000만 원 중 우선 1,000만 원을 교회에 헌금했다. 그리고 나머지 1,000만 원으로 창업을 준비했다. '최선을 다하면 성취는 하나님이 해주실 것'이라는 믿음이 있었기에 가능한 일이었다.

집은 청주였지만 사업은 서울에서 하기로 했다. 사무실 얻을 돈도 없어 삼청동 고종형님 댁을 찾아갔다. 하정현 형님은 시골에서 17세에 단신으로 상경하여 자수성가하신 분이다. 4층짜리 집을 가지고 있었고 맨 위층에 거주하고 계셨다.

"경비보안 사업을 해보려고 합니다. 허가는 받았는데 조언을 얻고자 찾아왔습니다. 사무실이라도 하나 얻어야 하는데……."

사정을 말씀드렸더니 다소 조심스럽게 말씀하셨다.

"사업은 생각보다 쉽지 않아. 잘 생각하게. 돈을 대주거나 사업을 도와줄 수는 없지만, 2층에 작은 방이 비어 있으니 사무실이 필요하다면 쓰게나."

둘러보니 4평 정도의 크기로 불필요한 집기를 넣어둔 창고였다. 나쁘지 않을 듯싶었다. 구석에 책상이 눈에 띄었다.

"저기 헌 책상 두 개도 빌려쓸 수 있을까요?"

"그냥 가지게!"

당장 시장으로 달려가 엉덩이만 붙일 수 있는 작은 의자 네 개를 샀다. 이후 7년 동안 사용했던 그 작은 의자는 지금도 사무실 한쪽에 두고 아끼는 보물이다. 마음이 답답하거나 좋은 아이디어가 떠오르지 않을 때 바라보면 새로운 활력이 솟곤 한다.

이렇게 사무실 문제를 해결한 후 회사 이름을 짓기 위해 목사님을 찾아갔다.

"회사 이름을 어떻게 할까요?"

"조은을 넣는 게 좋겠네요."

국어사전을 보면 조은朝恩은 '신의 축복'으로 나와있다. 모든 직원에게 온 정성을 다하라는 메시지이기도 하였다. 인력경비 회사로 출발하지만 시스템 회사로 발전시키려는 것이 처음의 계획이어서 '조은시스템'으로 회사 이름을 정하고 박성희 부사장을 대표로 이명근 부장, 김종필 대리, 김정민 여직원 이렇게 네 명으로 시작했다. 우리는 전력을 다하였고 일에 푹 빠졌다.

이렇게 작은 창고에서 자본금 1,000만 원, 직원 네 명으로 시작한 회사가 13년 뒤인 현재는 1,000여억 원 이상의 매출을 기록하고 3,000여 명이 넘는 회사로 성장했다.

은행이나 금융권, 공항 등 국가보안시설의 보안서비스는 조은시스템이 시장점유율 1위이다. 또 지난 2006년에는 주한미군 전 기지의 보안서비스를 담당하게 되어 순수 국내 자본으로 운영되는 보안회사로는 대한민국 대표회사가 되었다. 감사한 일이 아닐 수 없다.

지금까지도 가끔 친지들은 왜 창업식을 안 했냐고 묻곤 한다.

"우리는 하루하루의 일상이 창업식이에요."

시작할 때의 마음가짐을 잊지 않고 한 길로 달려온 것이 조은시스템의 성공 비결이 아닌가 싶다. 사실 우리 회사는 변변한 행사 한 번 없이 묵묵히 매진해왔다고 해도 과언이 아니다.

뭐든 시작은 작게 하는 편이 좋다고 생각한다. 가끔 개업하는 회사의 창업식에 초대받아 갈 때가 있는데, 어떤 회사의 경우 큰 사무실에서 서른 명이 넘는 직원이 한상 가득 차려진 돼지머리를 앞에 두고 절을 하는 것을 본 적이 있다.

"왜 돼지머리에 절을 하나요?"

그 모양이 좀 어색했다. 직원들은 뒤에서 쑥덕쑥덕 관심없다는 듯 떠들어대고 있다가 절을 하라고 하면 그제야 돼지머리에 절을 올리곤 했다.

"사업이 융성하여 돈 좀 많이 벌게 해달라는 서원을 드리는 거지요."

고개를 끄덕였지만 결국 그 회사는 얼마 지나지 않아 문을 닫았다. 그 소식을 들으며 사람마다 정성을 들이는 방법이 다른 건 당연하겠지만, 한 10분만이라도 모두 합심하여 회사의 발전을 위해 간절하게 마음을 모았다면 그처럼 맥없이 망하지는 않았을 거라는 생각을 했다.

규모가 중요한 것은 아니다. 남의 눈도 의식할 필요가 없다. 비록 출발은 작아도 좋은 목표로 한 걸음씩 천천히 내딛을 수 있는 지혜와 열정이 있다면 그것으로 충분하다. 비록 출발은 미약하더라도 어떤 마음을 지니고 어떻게 뜻을 모으느냐에 따라 결과는 달라지기 때문이다.

| 사람과 사람이 모여 만드는 운명 |

사실 내가 창업을 결심할 수 있었던 것은 여러 사람의 도움이 있었기에 가능한 것이었지만 그 단초를 제공한 것은 막내 산이었다.

재정보증으로 진 빚 때문에 방 두 칸에 다섯 식구가 살았던 적이 있다. 막내아들 산이가 중학교에 입학할 무렵이었다. 그때 산이의 담임선생님으로부터 학교에 한번 와달라는 연락을 받았다.

"축하드립니다. 산이가 작문을 했는데 선생님들이 평가한 결과 우수작으로 선정됐어요."

"우리 산이에게 그런 재능이 있었나요?"

" '나는 커서 어떤 사람이 될 것인가?' 라는 주제로 글짓기를 했는데 내용이나 문장이 모두 훌륭했습니다."

대견한 마음에 읽어보니, '나는 커서 자식들에게 방 한 칸씩 만들어 줄 수 있는 아버지가 되겠다.' 라는 내용이었다. 마음이 착잡했다. 아들의 수상이 기쁘기는 했지만 부족한 아버지로서 아픔도 전해져왔다.

그렇게 산이의 학교에 다녀온 날 전방에서 함께 근무했던 후배 이정섭이 찾아왔다. 갓 결혼한 단칸방 신혼집에 날마다 와서 '밥을 해달라. 국수를 만들어달라.' 하며 귀찮게 굴던 가족 같은 부하였다. 그는 학교에서 있었던 일을 듣고는 이렇게 말했다.

"형님은 실속이 없어서 걱정입니더. 아이들까지 고생인데 이제 베푸는 건 그만하고 아이들을 위해서라도 실속 있게 사이소."

그러더니 얼마 후 만나자는 전화를 해왔다.

"두고두고 생각했는데예, 제가 형님께 힘이 좀 되어야겠습니더. 뭐 도와드릴 일 없을까예?"

"특별한 도움은 필요 없네. 마음만 고맙게 받겠네."

"그래도 말씀하이소. 한 가지는 꼭 도와드리고 싶은데예……."

투박한 경상도 사투리로 그는 고집을 부렸다.

문득 은행에서 일어났던 보안사고가 생각났다. 일전에 만났던 친구가 보안 분야의 전망이 꽤 밝다는 소리를 한 것도 같았다.

"그럼 경비보안법 허가를 하나 받을 수 있을까?"

"그럽시다!"

후배는 당장 제발에 불똥 떨어진 것처럼 사방으로 나섰고, 다행히도 허가증이 나왔다. 그것이 지금의 통합보안 사업의 단초가 된 경비 사업 허가증이다.

그러나 1년이 지나도 아무런 실적이 없으니 허가를 취소하겠다는 통보가 왔다. 난감했다. 돈도 없고 아무런 준비도 되어 있지 않은 상태에서 할 수 있는 것이라곤 기도가 고작이었다.

"하나님, 제가 사업에 성공하게 되면 늘 감사하게 여기고 좋은 세상을 만드는 데 작은 일이나마 기여를 하고 싶습니다."

하나님께 맡겼음에도 고심을 거듭했다. 무리이긴 하지만 직접 하느냐, 누군가에게 허가증을 넘기느냐, 아니면 포기하느냐 하는 문제를 풀지 못하고 있었던 것이다. 그러다가 평소 존경하는 기업인을 찾아갔다.

"제가 경비보안법 허가를 받았는데 이 허가증을 드릴 테니 보안사업을 한번 해보십시오."

그런데 의외의 말씀을 해주셨다.

"우리는 이미 경비보안 회사를 하나 가지고 있어요. 앞으로 전망 있는 사업인데 직접 해보지 그러세요?"

"저는 여건이 안 돼요. 자금도 있어야 하고⋯⋯."

나도 모르게 말끝이 흐려졌다.

"자금이 얼마나 드는데요?"

"1억 원은 있어야 할 겁니다."

"그래요? 그럼 내가 1억 원을 빌려드릴 테니 한번 해보세요. 잘 해서 여유가 생기면 갚으시고요."

아내는 이 일을 두고 하나님께서 기도에 응답을 주셨다며 하나님이 빌려주신 돈이니 돈을 벌면 하나님 기뻐하실 일에 써야 한다고 했다. 꾸준히 노력하여 2년 뒤에는 그 돈을 고마운 분에게 돌려드릴 수 있었고 하나님께 감사의 기도도 드릴 수 있었다.

이처럼 내가 창업을 할 수 있었던 것은 여러 사람의 도움 없이는 불가능했을 우연이었다. 지금도 그때 일을 생각하면 만나는 모든 사람에게 정성을 다해야겠다는 생각이 들곤 한다.

| 차별화 전략을 찾아서 |

그러나 창업 초기에는 무척 어려웠다. 실적이 없어서 어디에 제안서를 내도 받아주지 않았다. 그래서 생각한 것이 집중화 전략이었다. 여기저기 넓은 시장에서 기웃거리지 말고 1년 동안 세 곳만 집중적으로 찾아다니자는 전략이었다.

그렇게 해서 주택은행, 제일은행, 상업은행 세 곳에 제안서를 내고 지속적으로 방문하며 기회를 기다렸다. 다행히 몇 개월 후 세 은행 모두 호의를 보여주었고 결국 서비스 계약을 체결할 수 있었다. 그에 보답하기 위해서라도 품질이 더욱 중요했다. 그래서 맞춤서비스, 역량 집중, 교육훈련에서 차별화를 찾기로 했다. 이들은 후에 조은시스템의 성공전략이 되었다.

'맞춤서비스'는 은행이 원하는 인재를 미리 파악하여 확보해놓고 언제든지 원하는 시간과 장소에 즉시 근무시키는 시스템이었다. 세 은행 모두 필요로 하는 인력에 특색이 있었다. 어떤 은행은 외곽보안을, 어떤 은행은 객장고객접대를, 또 다른 어떤 은행은 주차관리나 현금수송 등을 중요시했다. 이에 따라 인력의 외모나 가정 여건, 스타일을 감안하여 늘 맞춤 인력을 대기하고 있었다.

당시 다른 회사는 은행에서 요청하면 그때부터 인원을 모집하고 충원 준비를 하였으나 조은은 부르면 달려가는 시스템이었던 것이다. 덕분에 1년 만에 기반을 구축할 수 있었다. 이명근 부장, 김종필 대리, 위정희 사원이 맞춤서비스의 주역들이다.

'역량집중' 문제는 경쟁력을 갖는 데 긴요하였다. 우리는 자격조건, 적응능력, 주거지역을 세분하여 인재 파일을 작성하고, 이러한 정보를 은행에 미리 준 후 필요로 하는 사항을 추가적으로 보완해나갔다.

그리고 지속적으로 서비스 여건을 향상시켰는데, 특히 '교육훈련'을 강화했다. 작은 회사가 잘 훈련된 인력을 운영하려면 교육훈련이 가장 중요하다. 그러나 어떻게, 어디에서 훈련을 시킬지는 사실 매우 어려운 문제였다. 이에 원칙을 정하였다. 군에서 야전부대나 특전사 등 충분히 훈련된 자원을 선발하여 은행 업무에 알맞은 직무교육을 수행토록 한 다음 상황을 부여해 해결하는 훈련을 병행한 것이다. 이러한 방식으로 업무를 숙달시켜 근무하도록 하였다.

차별화의 성과는 곧 나타나기 시작했다. 은행권을 중심으로 약 4년 만에 무려 1,500여 명의 인력이 운영되었던 것이다. 자신감을 가져도 좋을 때였다.

그래서 다음으로 전자경비 사업에 뛰어들었다. 나의 최종 목표는 조은을 통합보안 회사로 키우는 것이었다. 인력경비에서 나아가, 전자경비보안, 홈시큐리티가 나아가야 할 방향이었다. 그런데 문제는 자금이었다.

회사를 설립하고 기반을 구축할 때까지 가장 어려운 단계는 손익분기점을 넘기는 일이다. 매출이나 이익이 일정한 수준에 도달하면 자생력을 갖게 되나 사실 그 단계에 이르기까지가 매우 어렵다. 그래서 앞서가는 경쟁업체를 추월하기 전에 지쳐 쓰러지고 마는 경우가 허다하다. 특히 전자경비는 모든 시설과 장비를 갖춰놓고 서비스를 하면서 매달 수수료를 받는 사업 형태이기 때문에 초기 투자비용은 피할 수 없다. 그런 이유로 증자와 투자가 반복되었다.

대부분 기업이 그러하듯 남의 돈을 가져다 쓰는 일을 해서 망하면 큰일이었다. 그래서 전자경비 사업에 뛰어들며 기존 경비업체와 차별화 전략에 힘을 썼다. 선발업체와의 차별화가 이루어지지 않으면 성공이 어렵다고 보고 몇 가지 원칙을 정한 것이다.

첫 번째 차별화 전략은 경쟁회사의 강한 분야는 접근하지 않는다는 것이었다. 예를 들어 같은 경비보안 회사지만 세콤 등과 같은 회사의 강한 분야와는 경쟁하지 않기로 했다. 경비보안 업체를 한다고 하면 사람들이 늘 묻는 질문이 있다.

"세콤 같은 회사인가요?"

그러면 나는 우리의 차별화 전략에 대해 말할 기회라 생각하고 이렇게 말한다.

"네, 세콤과 비슷한 회사입니다. 그러나 세콤은 기계경비를 주로 하는 강한 회사죠. 조은시스템은 세이프원safe1이라는 고유 브랜드로 시스템보안과 전자경비를 서비스하면서 아울러 기계경비로 이를 보완하는 형태로 세콤과는 비즈니스 모델이 다르지요."

경쟁사와 확실한 차별화를 두어 설명한다는 것은 역으로 말하면 우리가 어떤 점에서는 더욱 강하다는 간접적인 표현이 되기도 한다.

두 번째 차별화 전략은 강점을 벤치마킹하는 것이었다.

바둑을 두면 정석이라는 것이 있다. 수많은 바둑 실전을 분석하여 최선의 착점을 통계적으로 정리하여 정형화한 것이다. 그러나 "정석은 배우고 잊어라."라는 바둑 격언도 있듯 정석은 배우되 거기에 매달리면 고수가 되기 어렵고, 그 틀을 깨고 나아가야 고수가 될 수 있다. 사업도 마찬가지다. 강점보다 더 경쟁력 있는 비즈니스 모델을 만드는 일이 중요했다.

세 번째 차별화 전략은 작지만 독특한 특성을 만드는 것이었다. 우리가 가장 심혈을 기울인 요점도 바로 이것이었다.

'그 분야에서 최고다.'라는 게 중요하다. 덕분에 조은의 경우 공공기관, 금융권, 공항에서만큼은 국내 선두를 달리고 있다. 또한 국내·국외를 막론하고 실력 있는 회사와의 네트워킹만큼은 최고라고 자부하고 있다.

이러한 차별화를 바탕으로 인정을 받는 데까지 10년이 걸렸다. 이제는 선두기업으로 확실하게 기반을 구축하는 과제가 남았다. 이를 위해서는 앞으로 경비 분야도 첨단 IT가 접목되어야 할 것이다. 20여 년 전 늦깎이 수강생으로 컴퓨터학원을 드나들며 즐겁게 투자했던 돈과 시간, 그리고 열정이 새로운 힘의 근원이 되리라 믿는다.

아놀드 토인비는 "성공의 반은 죽을지 모른다는 긴박한 상황에서 비롯되고, 실패의 반은 잘 나가던 때의 향수에서 비롯된다."라는 말을 남겼다. 성공과 실패의 차이를 가장 잘 알려주는 말이라고 생각한다.

나 역시 더 높은 성공을 위해 늘 초심을, 작은 성공에도 감사하는 마음을 지니고 살아가려 한다. 그런 의미에서 나는 언제 어디서나 새로운 것에 도전하기를 두려워하지 않을 것이다.

잡코리아, 크게 보고 작게 시작하다

조은을 창업한 이후 한창 인터넷 공부에 미쳐 있었을 때였다. 이비
즈E-Biz 아카데미에 다니면서 인터넷 관련 사업을 하면 성공할 수 있
을 것이라는 확신은 있었지만 기회가 주어지지 않았다.

'언제 어떤 방법으로 시작해야 하나?'

눈앞에 기회가 있는데 놓쳐버리는 느낌이었다. 번민을 했다. 곧 60을
바라보는 나이이고 보니 마음이 조급해졌다. 게다가 당시 온라인과 관
련된 창업이 활기를 띠고 있었다. 그래서 임기홍 교수를 만났다. 생산
성본부에서 MIS 과정을 다닐 때 알게 되었는데, 진취적인 젊은 학자로
정보공학을 공부하였으며 대학교수로 전직한 분이었다.

"임 교수, 인터넷 회사를 창업하고 싶은데 좋은 사람 있으면 소개
좀 시켜줘요."

"어떤 사람이 필요하세요?"

"미친 사람 없을까요?"

"열정적인 사람을 말씀하시는 거죠?"

"네, 사업 그림도 그릴 줄도 알고 무엇보다 승부정신을 가진 프로를 찾아주세요."

"몇 사람이나 필요하세요?"

"총괄 업무와 개발 엔지니어, 디자인, 검색 업무를 맡아줄 네 명 정도면 좋겠네요."

"그 인원으로 온라인 사업을 할 수 있을까요?"

"사업이 되는 걸 보면서 가능성을 보고 충원할 생각이에요. 우선은 작게 시작해야지요."

두 달 후, 조부모님 산소에서 성묘를 하고 있는데 임기홍 교수로부터 연락이 왔다.

"외국어대에서 석사를 마치게 되는 젊은 사람이 있는데 한번 만나보세요."

"어떤 사람인가요?"

"인터넷 공부를 한 사람인데 제가 보기에는 그 분야의 전문가로 능력이 있습니다."

마음이 급해졌다. 그날 항공편으로 서울로 올라오는 길에 김포공항 근처 일식집에서 임기홍 교수와 나 그리고 소개받은 사람, 이렇게 셋이 만났다. 그가 지금 잡코리아의 김화수 사장이다. 맑은 표정과 총명해 보이는 눈빛이 인상적이었다.

"온라인 회사를 창업하려는데 같이 합시다. 돈 버는 게 목적이 아니고 좋은 세상 만드는 데 기여하고 싶어요.”

“좋습니다. 저도 인터넷 사업이 중요할 거라 생각합니다. 잘 해보겠습니다.”

그 자리에서 의기투합했다. 일에 대한 열정이 30년 터울의 두 남자를 동지로 만들어준 것이다.

“그럼 2주일 이내에 시작합시다. 세 사람을 더 모아야 해요. 나도 찾아볼 테니 김화수 씨도 좋은 사람 있으면 추천해주세요.”

“두 사람을 추천하고 싶은데…….”

그는 이미 준비된 구상이 있었다. 좋은 출발이었다.

내 사무실(조은시스템) 바로 옆에 네 명이 일할 수 있는 공간을 만들었다. 김승남 사장, 김화수 개발실장, 박미란 검색팀장, 여순희 디자인팀장, 오성홍 엔지니어가 모여 조촐한 시작을 했다.

자본금 3억 원은 모두 내가 부담했지만, 이들에게 지분의 50%를 배분했다. 회사 이름은 ‘칼스텍’으로 정했다. 그리고는 남대문 시장에서 군용 야전침낭 두 개를 샀다. 일을 하지 않는 사람은 야전침낭에서 쉬고, 하루 24시간을 사무실에서 먹고 자면서 열정을 바쳐 일했다. 모두가 주주였고, 모두가 정예요원이었으며, 의기투합하여 똘똘 뭉친 인터넷 특공대였다.

처음에는 포털 사이트, 커뮤니티 사이트, 구인구직 사이트 세 개를 만들어 각각 서비스를 시작했다. 2년을 무료서비스로 운영하자 자본금이 곧 바닥났다. 게다가 IMF 경제 위기로 온 나라가 충격의 도가니에 빠져들기 시작했다. 내부적으로 여유가 없으니 투자자를 찾아나설 수밖에 없는 상황이었다.

'이제 어떻게 하나?'

선택의 시간이 다가오고 있었다.

| 나쁜 투자조건을 선택하다 |

그 무렵 두 명의 투자자를 만났다.

한 명은 공공기관에서 퇴직한 후 인터넷에 관심을 두고 있는 사람이었다.

"초기 자본금이 3억 원이던데 저는 10억 원을 투자하여 50%의 지분을 갖고 경영에 참여하고 싶습니다."

3.3배를 투자하면서 경영권을 요구한 것이다. 욕심이 앞서는 것은 아닌가 싶었다. 그에게 물었다.

"경영권이요? 그렇다면 인터넷 사업을 직접 하시려고요? 전문가도 만만치 않은 분야인데요."

"이 분야가 앞으로 유망하다면서요. 가진 재산을 모두 털어서라도 승부를 봐야죠."

"몇 년 후를 손익분기점으로 보시나요?"

"2년이면 안 되겠습니까?"

"제가 보기에 인터넷 사업은 1등 아니면 살아남기 어려운 분야입니다. 1등 사이트로 만들려면 최소한 5년 이상이 소요되고, 차후 20억 원 정도는 자본 투자가 계속되어야 할 겁니다."

"하다 보면 안 되겠습니까?"

"언제까지라고 못 박을 수 없는 기간 동안 투자가 이어져야 하는데 이런 사업에 계속 투자할 수 있겠어요?"

"유료로 전환하면 돈이 들어오지 않겠습니까?"

확실히 의욕이 앞서 있었다. 눈앞의 이익만 보고, 멀리 내다보려는 주고받기 계산법을 갖고 있지 않았다.

보류한 채 다른 한 명의 투자자를 더 만나기로 했다. 지금의 KTB네트워크 권성문 회장이다. 연락을 하니 동생인 한국M/A 권재륜 대표가 나왔다. 젊고 발랄한 인상이었다.

"투자하겠습니다."

아무런 조건을 달지 않고 너무나 담백하게 말했다. 여타의 조건은 나에게 맡기겠다는 태도였다. 그러고는 자신들이 경영에 관여하는 것보다는 회사의 성공이 중요하다는 말을 덧붙였다. 경영권에는 관심이 없다는 말이었다. 신뢰가 갔다.

그리고 역으로 나를 자신들이 운영하는 회사에 영입하고 싶다는 의사를 밝혔다.

"인터넷 회사를 몇 개 인수하려고 하는데 여러 인터넷 회사들을 관장하여 경영해주실 분이 필요해요. 이번 기회에 이 분야를 총괄할 회장을 맡아주시지요."

우선 인터넷 회사의 경영참여 제안은 거절했다.

"나는 나이도 많고 인터넷 사업은 아무나 할 수 있는 아이템이 아닙니다. 좋은 분을 찾아보세요."

"인터넷 사업은 앞으로 활기를 찾을 겁니다. 같이 했으면 좋겠습니다."

거듭된 제안을 정중히 사양하는 대신 나는 오히려 파격적인 제의를
했다.

"2년간 무료서비스를 하다보니 자본금이 모두 잠식되었습니다. 증
자하는데 3억 원 정도가 필요합니다. 3억 원을 투자하시고, 자본금을
6억 원으로 만들어 50%의 지분을 가지십시오. 그리고 서로 노력하여
좋은 회사를 만들었으면 합니다."

액면가로 참여하도록 요청한 것이다. 그도 흔쾌히 찬성했다. 그 자
리에서 바로 결정이 이루어졌다.

돌아와서 직원들에게 투자를 받게 되었다는 사실을 전하였다. 내
용을 전해들은 직원들은 모두 불만이었다.

"저에게 투자자를 찾으라고 하셨으면 좋은 조건을 가진 투자자를
얼마든지 찾을 수 있었는데……. 그 동안들인 공도 있는데, 액면가(주
식 처음 발행할 때의 가격) 증자는 너무 억울합니다."

특히 김화수 개발이사는 잔뜩 부어 있었다. 사실 논리적인 설명이
힘들었다. 현재는 불리하나 비전이 있다는 것은 직감뿐이었다.

"좋은 조건이 문제가 아니고 회사를 확실히 성장시킬 여건을 가진 사
람이 중요해요. 언젠가 잘 했다는 얘기를 들을 테니 걱정하지 말아요."

그러나 지금은 돈을 못 벌고 있지만 회원이 50만 명이 넘는데 그동
안 노력한 대가로는 납득이 되지 않는다는 항변은 계속 이어졌다. 그
런 직원들을 애써 다독이며 독려했다.

그런 일이 있은 지 몇 달 후 약간의 변화가 있었다. 먼저 여타의 사

이트를 포기하고 구인구직 사이트만 운영하기로 했다. 그리고 회사 이름을 '잡코리아'로 바꾸고 대표를 김화수 씨에게 맡겼다. 그는 열정적으로 회사를 키워나갔다. 물론 권성문 회장의 뒷받침이 크게 작용했다.

결과적으로 잡코리아는 리쿠르팅 분야에서 가장 사랑받는 기업이자 400만 명의 회원을 가진 대표기업으로 성장했다. 명실 공히 국내 최고의 구인구직 사이트로 자리잡은 것이다.

잡코리아의 성공비결은 무엇일까.

우선, 나 자신이 경영권에 욕심을 내지 않았고, 덕분에 능력 있는 사람에게 맡길 수 있었던 행운이 있었다. 또 작게 시작했지만 헝그리 정신으로 무장한 직원들의 분발이 있었다.

둘째, 다른 사이트와 차별화를 시켜 모든 구직자에게 무료로 서비스를 제공했다. 김화수 사장은 경영을 맡으면서 잡코리아를 구인·구직자들이 북적이는 '온라인 장터'로 만드는 것을 목표로 삼았다. 그래서 구직자에게는 무료서비스를 제공하고 대신 구인 목적의 기업에게는 유료서비스(채용광고, 이력서 검색수수료 등)를 실시했다. 다른 업체들이 수익을 내고자 개인회원에게까지 유료서비스를 할 때 무료서비스를 함으로써 취업난으로 힘들어하는 수많은 개인회원들로부터 호응을 얻고자 한 것이다. 이 전략은 맞아떨어졌다. 결국 사이트 방문자수가 폭등했고 이는 곧 매출 급증으로 이어졌다. 이후 5~6위권에 있던 '휴먼피아'를 인수해 선두 굳히기에 나섰고 압도적인 시장점유율을 거두게 되었다.

셋째, 독특한 수익모델을 꾸준히 발굴했다. 잡코리아는 개인회원을 대상으로 한 연봉통계 서비스나 온라인 인성적성검사 등 다양한 콘텐츠를 꾸준히 개발했다. 이렇게 새로운 트렌드를 읽을 수 있었던 것은 젊은 감각에서 나온 경영전략이 있었기에 가능했다. 무료와 유료서비스를 혼합한 '하이브리드형' 수익구조를 만들어냄으로써 한발 앞서 갈 수 있는 기회를 잡았던 것이다.

넷째, 잡코리아라는 브랜드를 홍보했다. 잡코리아는 많은 기업이 자발적으로 찾아올 수 있도록 대대적인 브랜드 홍보와 광고마케팅을 했다. 다른 구인구직 사이트들과 차별화하여 무·유료 혼합서비스를 과감하게 시행할 수 있었던 이유는 좋은 투자자로부터 충분한 지원을 받아 여유 있게 경영할 수 있었기 때문이었다. 그리고 이러한 잡코리아만의 차별화된 혼합서비스가 독특한 수익구조로 자리 잡으면서 잡코리아는 결국 세계 최대의 리쿠르팅 서비스 업체인 미국 '몬스터닷컴'의 주목을 받게 되었다.

어느 날 김화수 사장에게서 연락이 왔다.

"회장님, 미국 회사에서 투자를 하겠다고 하는데 의견이 어떠세요?"

"조건은 어떤가?"

"일단은 좋은 조건입니다. 높은 평가를 하고 있어요."

"그러면 나는 찬성이야. 외자도 유치하고 주주도 큰 이익을 남기게 된다면 성공이지 않은가?"

"그럼 추진하겠습니다."

그렇게 하여 세계 최대의 몬스타닷컴에서 1,000억 원이 넘는 투자

를 유치하였다. 3억 원으로 출발한 회사가 일구어낸 실로 '기적' 같은
일이었다.

객관적으로 보면 나쁜 투자조건이었지만 눈앞의 이익보다 비전을
보고 선택한 결과가 좋은 성과를 가져온 것이 아닌가 한다. 좋은 투자
자, 좋은 직원, 좋은 아이템의 삼박자가 하나를 이루어 성공 모델을
만든 셈이다.

한편 잡코리아는 나에게 또다른 큰 의미를 가져다 주었다. 바로 보
람이었다. 수많은 사람이 직장을 구하고, 많은 기업들이 필요로 하는
인재들을 채용할 수 있도록 도움을 주었다는 점에서 큰 보람을 느꼈다.

| 멈추지 않는 IT 도전 |

2004년 여름이었다. 군 출신 최초로 미국 유학을 가서 전산학 박사 학
위를 받고 돌아온 장재언 박사를 만났다. 그가 의견을 구해왔다.

"SJ인포텍이라고 IT 분야의 성실하고 실력 있는 벤처기업이 개발
한 PC백업/복구 제품이 있습니다. 현재 우리나라에서는 미국 회사의
제품을 많이 쓰고 있는데 그 제품보다 성능도 좋고 경쟁력도 뛰어납
니다. 신기술 인증도 받았습니다. 그런데 작은 회사라 자금력도 부족
하고 마케팅에도 어려움을 겪고 있나 봅니다. 회장님이 도와주시면
좋은 결과를 기대할 수 있을 것 같습니다."

"그래요? 그럼 한번 만나봅시다."

먼저 제품을 보기로 하였다. 월요일에 시연을 하기로 했는데, 이미

일요일에 모든 준비를 끝마쳐 놓은 상태였다. 마음에 들었다. 시연에 들어가자 부팅이 안 되던 PC 두 대가 몇 분 만에 원래의 상태로 복구되어 정상적으로 작동하는 것을 볼 수 있었다.

"대단하군요!"

200대까지도 동시에 복구시킬 수 있다고 하였다. 좋은 제품이었다. 이렇게 짧은 시간에 문제 있는 PC를 쉽게 복구할 수 있다면 유용하리란 확신이 들었다. 시연이 끝나고 임원들에게 회사에 대한 간단한 현황을 들었다.

"SJ인포텍은 1988년 우리나라 여성정보처리기술사 2호인 안보희 박사가 설립한 벤처기업입니다. '수주한 프로젝트를 열심히 하는 것이 최고의 영업이다.' 라는 경영이념으로 10여 년을 한눈 팔지 않고 오직 기술개발에만 매진해온 소프트웨어 개발 회사이지요. 후에 하이트맥주 기획실장으로 근무하던 이성배 사장이 합류하였는데 이후 나라에서도 인정하는 큰 성과들을 많이 이루어냈습니다. 중소기업청의 이노비즈 기업으로까지 선정되었지만 지금은 안타깝게도 자금난에 시달리게 되었습니다. 기술개발에만 치중한 탓이지요."

훌륭한 제품임에는 확실했지만 당장에 결정을 내리기는 쉽지 않았다.

그리고 며칠 후 책상 위 PC를 보는 순간 불현듯 연락을 해야겠다는 생각이 들었다. 전화를 걸었다.

"조은시스템의 김승남입니다. 좀 만날 수 있을까요?"

우리 집에서 토요일 오전 7시에 조찬을 하기로 하였다. 그들은 정확히 오전 7시에 총판, 판매점, 투자의 세 가지 안을 가지고 와서 프레젠테이션을 했다. 그러한 태도도 마음에 들었다. 긍정적으로 판단하기로 했다.

현대 사회에서 PC는 업무를 수행하는 데 없어서는 안 될 필수품이다. 어떤 조직에서든 PC에 문제가 발생하면 업무 수행에 큰 장애가 된다. 따라서 손쉽게 복구 CD를 만들어놓았다가 부팅이 안 되거나 이유 없이 속도가 느려질 때 10분 이내로 정상화시킨다면 많은 사람에게 도움이 될 것이었다. 또한 지금까지 미국 제품에만 의존하던 것을 국산 제품으로 대체할 수 있다면 국익을 위해서라도 반드시 필요한 솔루션이었다.

내심 투자를 결정하고 회사 임원들과 의논을 하였다. 소프트웨어에 대한 투자는 위험하다며 반대하는 임원들도 있었으나, 백승도 사장이 적극 찬성하는 덕택에 순조롭게 결론이 났다. 결정은 빠르면 빠를수록 좋을 것 같았다. SJ인포텍 측도 10년 이상 운영해오던 회사에 대한 지분투자라서 큰 결심이 필요했던 것이다.

투자는 50% 지분 참여로 즉각적으로 이루어졌다. 조은시스템 사옥 옆으로 SJ인포텍이 이전하여 본격적으로 한배를 탔다. 이후 대대적인 업그레이드를 통하여 'e네티 엔젤'을 만들고 'PC백업/복구'라는 시장에 나섰다.

아직은 시작에 불과하지만 나름대로 큰 시장을 구축할 수 있을 것으로 판단한다. 나에게 있어 SJ인포텍의 인수는 잡코리아에 이은 또 하나의 IT 도전이다.

욕심이 앞서면 보이지 않는 것들

'어디 좋은 아이템이 없나?'

SJ인포텍을 인수하기 한참 전인 1999년, 조은시스템과 잡코리아가 안정을 찾으니 대박을 꿈꾸는 욕심이 생겼다. 마침 주식 열풍이 온 사회를 휩쓸고 있었다. 서민들은 빚을 내고 농촌에서는 소까지 팔아서 '묻지마' 투자를 하고 있을 무렵이었다.

나는 정보통신연구원장이었던 김효석 박사가 설립한 CIO 포럼의 창립 멤버로 활발하게 활동하고 있었다. 그곳에서 알게 된 사람이 정태헌이다. 그는 시스템통합SI – System Integration 전문가였다. 다시 말해 기업이 필요로 하는 정보시스템을 완벽하게 구축해주는 사람이었다. 어느 날 그가 좋은 아이템이 있다며 나를 찾아왔다.

"김 사장님, 좋은 아이템이 있는데 같이 해보지 않으시겠어요? 저는 아이디어는 있는데, 돈과 사람이 없습니다."

"어떤 사업 모델인가요?"

"전자상거래를 이용하여 모든 거래를 효율적으로 할 수 있는 정보 시스템인데요. 생산자와 소비자 모두에게 이익이 될 뿐만 아니라 투명한 사회를 만드는 데에도 일조할 수 있을 겁니다."

"그럼 먼저 구체적인 제안을 해보세요. 공익적이고 돈도 벌 수 있다면 충분한 사업적 가치가 있지 않겠어요?"

| 욕속부달欲速不達, 욕심이 앞서면 이루지 못해 |

며칠 후, 그는 두 개의 사업제안서를 들고 왔다. 하나는 농산물 유통에 전자상거래를 도입하자는 안이었다. 중간 유통을 최대한 줄이고 생산자와 소비자 간의 직거래를 이루기 위한 시스템이었다. 다른 하나는 신용카드 사용을 활성화하고 현금거래를 모두 전산화하여 투명 사회를 만드는 데 기여하자는 것이었다.

'이건 충분히 사업화될 수 있어!'

8년 전인 당시만 해도 전자상거래 활성화는 최고의 관심사였다. 해볼 만하다는 판단이 들었다. 누구라도 선두에 나서면 성공할 수 있다는 생각에 선수를 놓치면 안 된다는 강박감까지 생겼다. 시스템만 잘 구축해놓으면 여러 부문, 특히 공공기관과 정부 각 부처에 다양한 서비스를 제공할 수 있을 것 같았다. 욕심이 앞선 것이다.

그 당시 농수산물 거래는 산지에서 생산자가 싼 값에 팔아도 소비자에게 오는 중간 과정이 복잡해 비싼 가격에 사먹을 수밖에 없는 구조였다. 따라서 온라인 유통망을 구축해 전자상거래 시스템을 도입하면 복잡한 중간 과정 없이 산지와 소비자를 직접적으로 연결해줄 수 있어 생산자와 소비자 모두에게 이익이 될 터였다.

신용카드 영수증과 현금 영수증 전산화 서비스 역시 좋은 아이템이었다. 이렇게만 된다면 모든 상거래가 투명해질 것은 자명했다. 또 당시 탈세를 예방하기 위해 신용카드 사용을 활성화해야 한다는 분위기가 무르익을 때여서 이 또한 사회에 기여할 수 있는 좋은 사업 아이템이라 생각했다.

게다가 조은시스템에 이어 잡코리아를 창업하고 두 사업 모두 안정 괘도로 올라서는 중이었기 때문에 창업에 대해서는 어느 정도 자신감이 있었다. 둘 다 좋은 사업 아이템이었기 때문에 시스템만 잘 구축하면 충분히 가능성이 있다고 믿었다.

우선 사업 타당성을 타진해보고자 '농산물 유통 정보화시스템'이라는 사업제안서를 만들어 국세청 세정개혁단장을 찾아갔다. 장춘 단장이 개인세제국장과 세정개혁단장을 겸무로 하고 있었고, 김호기 개인세과장이 주무과장이었다. 면담을 신청하니 곧 연락이 왔다.

"인터넷을 통해 모든 상거래를 투명하게 하는 솔루션을 개발하려고 합니다. 저희가 솔루션을 개발하면 채택해주실 수 있는지 알아보러 왔습니다."

제안서를 내밀자 그가 물었다.

"좋은 솔루션이라면 채택해야지요. 어떤 내용인가요?"

"상거래가 이루어지는 모든 곳에 솔루션을 설치하여 현금 영수증

없이도 돈의 흐름을 잘 알 수 있게 하는 아이템과 농산물 유통 전자상
거래 시스템입니다."

"개발이 되더라도 이 솔루션을 수의계약으로 채택하지는 못합니
다. 경쟁입찰을 통하여 가장 효율적이고 합당한 가격의 제품을 선정
하는 것이 원칙이지요. 하지만 개발하면 좋은 기회를 얻을 수는 있을
것입니다."

장춘 단장을 만나보고 두 가지 면에서 놀랐다.

첫째로 전자상거래에 대한 해박한 지식과 비전이었다. 이미 이 분
야에 역량을 집중하여 많은 진전을 이루고 있었다. 특히 우리가 제안
하려는 아이템을 이미 검토하여 국세업무시스템을 개선하려는 구상
을 갖고 있었다.

둘째는 업무에 대한 비전이었다. 그는 전산으로 모든 상거래를 투
명하게 해야 한다는 생각을 하고 있었다. 또한 국세의 흐름을 일목요
연하게 파악할 수 있도록 장기적으로 체계적인 전산시스템을 갖춰야
한다는 것까지도 생각하고 있었다.

세정개혁단장의 긍정적인 답변에 자신을 얻고는 농림부를 찾아가
전산담당국장과 농산물 유통과장을 만나 단도직입적으로 물었다.

"농산물 거래에 관한 정보화 솔루션을 개발 중입니다. 인터넷을 이
용하여 품목별, 가격별 실시간 정보를 파악할 수 있는 것이지요. 산지
생산자에게는 적정 마진을 보장하고 소비자에게는 싸게 구입할 수 있
도록 하자는 것인데 채택이 가능하겠습니까?"

농림부 담당 공무원들은 관심을 보이며 물었다.

"어떤 방법으로 서비스가 이루어지나요?"

"농협에 이 솔루션을 설치하여 농민과 도시 소비자를 직접 연결하는 겁니다."

담당 공무원들 또한 고개를 끄덕이며 긍정적인 답변을 해주었다.

국세청, 농림부 모두 솔루션을 개발하면 채택해줄 수 있다는 긍정적인 대답을 얻자 투명한 사회를 만들기 위해서라도 반드시 해야겠다는 생각에 절로 의욕이 솟았다.

| 실패한 좋은 아이템 |

사업자금 2억 원을 준비한 후 추가로 필요한 돈은 다른 출자자를 찾기로 하고 우선 '조은데이타시스템'이라는 회사를 설립하였다.

이 사업에 헌신할 네 명의 특공대를 구성하였다. 국가관이 투철하고 사회를 사랑하는 마음을 지닌 열정적인 사람을 우선하여 찾았다.

그 결과 국방대학원장을 역임한 이유수 장군을 대표이사로 위촉하고, 제일은행 이사를 역임한 친구 최정규를 감사로, 정태헌 이사를 기술지원으로, 그리고 나는 후원자가 되기로 했다. 네 명 모두 중년을 넘긴 나이였으나 인터넷 마니아들이었다.

조은시스템 가까운 곳에 조그만 사무실을 얻고는 본격적으로 사업을 시작했다. 프로그램을 개발하려면 기초 자료가 필요했다. 국세청의 정보화 사업은 너무나 방대했기 때문에 우선은 농산물 유통 솔루션부터 시작하기로 했다. 농산물 유통에 관한 자료를 얻고자 농림부와 농협, 농산물 유통공사를 찾아다녔다. 요구한 자료를 준비하고 제출하면서 이미 성공이나 한 듯 큰 꿈에 부풀어 있었다.

정부기관에 채택될 것이라는 당연한 믿음을 갖고, 소프트웨어를 개발하는 한편 가상으로 거래를 시행해보는 등 분주한 6개월을 보냈다. 그리고 제안했던 기초 자료를 받으러 농림부 담당 직원을 찾아갔다. 그런데 직원은 의외의 말을 쏟아놓았다.

"왜 이런 프로그램을 농림 분야부터 시작하려 하십니까? 거래가 많은 다른 곳도 있지 않습니까? 탈세가 많은 다른 분야 먼저 시행하고 그 다음에 농림 분야를 하시지요."

자료는 주지 않고 다른 분야부터 시행하라며 소극적인 태도를 보였다. 생각지도 못한 난관이었다. 다른 기관 역시 정보화 사업에 대한 반발이 너무 심했다. 결국 어디서도 자료를 얻을 수 없었다. 토대가 되는 자료가 없으니 프로그램 개발도 주춤할 수밖에 없었다.

1년이라는 시간이 그냥 흘러갔다. 수익은 없는데 인건비, 개발비가 계속 지출되니 자본금은 거의 바닥에 이르렀다. 새로운 결단을 해야 했다. 증자를 하여 이 사업을 계속 추진할 것인지, 아니면 회사를 정리할 것인지 기로에 빠진 것이다.

대책회의의 연속이었다. 그러던 어느 날 회의 중에 대표이사였던 이유수 장군에게 전화가 걸려왔다. 국가 비상기획위원장으로 임명되었다는 소식이었다. 개인적으로는 축하할 일이었지만 조직이 흔들리게 되었으므로 고민은 더욱 깊어졌다.

그러나 결국 판단을 내렸다. 보이지 않는 손이 그만두라는 사인을 보내는 것이라고 판단했다.

사회에 이익이 되고 크게 성취할 수 있다는 마음에 열정적으로 매달려온 사업이었다. 하지만 '시기상조다. 너무 욕심이 앞섰다.' 라는 결론을 내리고 회사를 정리하기로 했다.

지금은 일반화된 정보화시스템이지만 8년을 앞섰던 그 당시에는 성공할 수 없는 아이템이었다. 모든 노력은 수포로 돌아가고 사업은 실패했다. 결국 창업 1년 만인 2000년 8월, 자본금을 모두 잠식한 채 조은데이타시스템은 폐업했다.

왜 실패했던 것일까?

우선 대박을 터트린다는 무지개 꿈이 문제였다. 시스템을 도입하면 행정과 전자상거래에서 많은 세수와 이익을 얻을 수 있다는 명분을 앞세워 탁상 계산을 하고 있었다. 10만 원짜리 솔루션을 500만 개소에 설치하면 5,000억 원을 벌고 유지보수비로 연간 15%를 받으면 가만히 앉아서 연간 750억 원을 벌 수 있으므로 얼마 안 가 큰 회사로 만들 수 있다는 발상이었다.

또한 공익사업, 즉 국민에게 이익을 가져다줄 수 있는 애국적인 사업이니 누가 반대할 것인가라는 안이한 생각에서 이해가 얽힌 여러 계층의 입장을 고려하지 못했다. 사업자들이 매출 노출을 싫어할 것이라는 생각까지는 했지만 보다 신중하게 접근하지 못한 잘못이 컸다.

결국 기술적인 능력, 투자능력, 사업적인 전망 등 여러 면을 고려하지 않고 솔루션만 개발하면 수백억 원을 벌 수 있다는 앞선 욕심이 실패를 부른 것이다.

아무리 사업 아이템이 좋아도 타이밍이 맞지 않으면 성공하기 어렵다는 것, 아무리 아이디어가 좋아도 여러 가지 방면에서 고려하지 않고 무리하게 진행해서는 실패할 수밖에 없다는 뼈아픈 교훈을 비싼 수업료를 치르고 배운 사건이었다.

| 또 한 번의 보이지 않는 손 |

비싼 수업료를 냈지만 그쯤에서 그만둔 것은 현명했다. 모두 보이지 않는 신의 손길을 재빨리 알아챈 덕분이다. 내게 보이지 않는 손은 언제나 그랬듯 절망과 함께 희망을 주곤 했다.

20여 년 전에도 그랬다.

앞서 밝힌 대로 친지의 재정보증을 잘못 서는 바람에 가계가 파산했다. 이는 전역하기 바로 직전에 일어났던 일로, 이후 충북은행 안전관리실장을 거쳐 BYC 보험 회사와 창업을 하기 직전까지 근 10여 년 동안 우리 가정을 경제적 고통에 빠뜨렸다. 파산의 계기는 간단했다. 전역을 앞둔 시점에서 건설회사를 하는 가까운 친지가 사과 30박스를 싣고 위문을 왔다. 그 감사한 마음에 어떻게 신세를 갚나 하고 있을 무렵 연락이 왔다.

"재정보증이 급히 필요한데 해주실 수 있겠어요?"

신세를 갚을 수 있는 기회가 생긴 것이었다. 잘 됐다 싶었다. 재정보증을 선 것이다. 빚진 마음을 갚았다고 생각하니 오히려 뿌듯했다.

그러나 얼마 후 큰 시련이 닥쳤다. 그 친지가 부도를 내고 잠적하는 바람에 보증을 선 모든 사람이 무한책임을 지게 된 것이었다.

나중에 알게 된 사실이지만 이미 부도를 예견한 지점장이 그 기업에 추가적인 담보를 요청한 것이라고 했다. 즉 공직자 몇 사람을 앞세워 재정보증을 서게 한 뒤 채권을 확보하고 부도를 냈다는 것이다. 군에서 전역한 직후였다. 그때도 아내는 담담히 나를 위로했다.

"우리가 지금까지 하나님께 신실치 못하며 이제부터라도 똑바로 살아야 한다는 메시지를 주신 것이에요."

그러나 나는 조금 달랐다. 고민이 말이 아니었다. 최악의 생각으로 치달았지만 세 아이에 대한 책임 때문에라도 새로운 활로를 찾아야 했다. 그나마 신앙의 힘이 없었다면 버티기가 쉽지 않았을 것이다.

그때 누군가 "은행에 취업하면 아이 두 명은 학비 지원을 받을 수 있다."며 방법을 찾아보라고 격려해주었다. 수소문 끝에 친지를 통해 재무부 안공혁 국장을 소개받을 수 있었다. 그는 넉넉한 마음을 지닌 분이었다. 안타까운 사정을 이해한 그는 새로 생길 한미은행에 안전실장 요원으로 나를 추천해주었다.

그러나 안 국장의 따뜻한 성원에도 불구하고 최종 임명되지 못했다. 군인 출신의 안전실장은 아직 시기상조라는 이유에서였다. 한미은행의 50% 합작 파트너사인 BOA에서 반대했던 것이다. 입사가 확실시된 것으로 알고 3일 후면 출근한다고 마음먹고 있을 때였다. 졸지에 실업자가 되어버렸다.

'자, 이제 어떻게 해야 하나?

막막한 마음으로 번민했다. 남은 것은 기도밖에 없었다.

'저는 모르겠습니다. 모든 걸 하나님께 맡기겠습니다.'

그러자 왠지 모를 자신감이 생기는 듯했다. 그리고 며칠 후 누군가가 귀띔을 해주었다.

"비상계획관 추천을 받아보면 어떻겠나?"

다음 날 새벽, 안병길 대령을 만나기 위해 집을 나섰다. 안 대령은 육군대학 동기로서 전방에서 대대장을 같이 했고 인품과 실력을 겸비한 멋진 군인이었다.

"쉽지 않은 일이겠지만 차규헌 장군에게 나를 비상계획관으로 추천해달라는 청원을 해주소."

차규헌 장군은 비상기획위원장이었다. 지인에게 이런 부탁을 할 만큼 그 당시 나는 너무나도 절박했었다.

결국 차 장군의 배려로 비상계획관으로 추천된 나는 충북은행의 안전관리실장으로 취직하게 되었다. 하지만 모든 문제가 해결된 것은 아니었다. 충북은행에서는 급여 차압 문제를 해결하지 않으면 입사가 불가능하다는 전제조건을 달았다.

그런데 채무은행에서는 급여 10년치의 2분의 1을 일시에 납부해야만 급여 차압을 해지시켜주겠다고 했다. 무려 2,400만 원이라는 큰돈이었다. 어떻게 해서든지 급여 차압 문제를 해결하지 않으면 안 되는 상황이었다. 어쩔 수 없이 가까운 친인척에게 돈을 빌려 이 문제를 해결하기로 했다.

친척들에게 부탁해서 2,000만 원을 모으고, 가재도구 등을 팔아서 모아서 400만 원을 만들었다. 그렇게 2,400만 원을 만들어 은행 빚을 갚고 나니 주머니에 남은 돈은 달랑 27만 원뿐이었다. 하지만 우리 가

족에게 가장 큰 문제였던 은행 빚을 해결한 것이었기에 한편으로는 시원하고 기뻤다. 이제 이자를 내지 않아도 되었고, 월급도 전액을 지급받을 수 있었기 때문이었다.

단돈 27만 원을 들고 우리 부부는 아이들 셋과 함께 청주로 내려갔다. 가장 급한 일은 중학생과 초등학생인 세 아이의 교육 문제였다. 학교에서 멀지 않은 곳에 살 집을 구하기로 했다. 가진 돈이 적었으므로 보증금 없이 월세만 내는 아주 싼 집을 구해야 했다. 하지만 청주 시내에서는 아무리 낡은 집이라도 보증금 없이 구할 수 있는 집은 귀했다. 결국 학교 근처 싸다는 집을 다 돌아다니고 나서야 마음에 드는 집을 겨우 찾을 수 있었다. 청주교도소 앞에 있는 작고 허름한 농가주택이었다.

농촌에 버려진 빈집을 상상하면 틀리지 않을 것이다. 그보다 나쁘면 나빴지 조금도 낫지 않았다. 게다가 교도소 앞에 있다는 사실 때문에 사람들이 꺼려했다. 하지만 보증금 없이 월세 2만 원만 내면 된다는 말에 아내와 나는 '그래, 바로 이 집이야!' 하며 마음을 모았다.

무엇보다 아무리 누추한 시골집이라도 아이들과 잠자리 걱정은 하지 않아도 된다는 사실에 감사했다. 집 정리를 다 하고 나니 수중에 남은 돈은 단돈 10만 원. 그 돈으로 우리 다섯 가족은 첫 월급이 나올 때까지 한 달을 지내야 했다.

그 농가주택은 다 쓰러져가는 정말로 허름한 집이었다. 밭둑길을 지나야만 집으로 들어갈 수 있었는데 비만 오면 발목까지 빠져 흙투성이가 되기 일쑤였다. 겨울이면 작은 바람에도 문이 덜컹거렸다. 바람이 집

안에 그대로 들어와 아이들은 항상 감기를 달고 살았다. 하지만 그래도 기뻤다. 빚을 모두 정리했고 가족이 떨어지지 않고 오손도손 정을 나눌 수 있었기 때문이다. 재기를 꿈꾸며 희망을 품고 살았기에 행복했던 3년이었다. 아이들이 모두 실력 있는 전문가로 성장할 수 있었음은 이 시기에 겪은 곤궁한 삶이 자양분이 되었다고 믿는다.

이처럼 우리의 운명을 이끌고 있는 보이지 않는 손은 우리 가족을 가난 속에서 더욱 돈독하게 만들어주었다.

| 단지 최선을 다할 뿐 |

보이지 않는 손은 또 있었다.

충북은행 안전관리실장으로 일하며 4개월 정도 지났을 때의 일이다. 항상 가장 먼저 출근하는 것을 철칙으로 삼은 나는 아침 7시에 출근하여 은행본점 8층으로부터 1층 영업부까지 보안점검을 하는 것으로 하루 일과를 시작했다.

그런데 어느 날 6층의 안전관리실 문이 열려져 있었다. 깜짝 놀라 사무실 안팎을 둘러보니 안전관리실 캐비닛 속에 넣어두었던 은행 비밀문서가 상자 채 도난당해 있었다. 은행에서는 난리가 났다. 그 당시 은행의 비밀문서는 전시대비에 관한 시행규칙을 담은 서류가 많았으니 정말 큰일이 아닐 수 없었다.

안전기획부에서는 간첩소행일지도 모른다고 생각하여 대공혐의점에 용의를 두고 수사를 진행했다. 안기부와 경찰은 수사에 진척이 없자 은행 주변을 샅샅이 뒤지고 다녔다. 마침내 보름 후 비밀문서들을 찾을 수 있었는데 어이없게도 충북은행 옆에 있는 한 고등학교 천정에서 발견됐다. 범인들은 고등학교 1학년 학생들이었다.

용돈이 궁한 학생들이 은행에는 돈이 많을 거라 생각하고 저지른 일이었다. 학생 셋이 밤에 외곽 비상계단으로 몰래 들어왔다가 '접근금지'라고 쓰여 있는 표지판을 보고, 그 작은 창고 속에 들어있는 서류가 돈일 거라 생각해 상자 채 훔쳐 들고 간 것이었다. 그런데 들고 나온 상자에 돈은 없고 서류만 있자 버리지는 못하고 태우려고 하다 태워지지 않으니까 천정 속에 숨겨 놓은 것이었다.

지금이야 통합보안 업체가 따로 있어 은행의 경비와 보안을 전문적으로 맡고 있지만 그 당시에는 경비와 보안에 대한 인식이 미미했고 시스템도 개발되지 못한 시절이라 은행이라도 보안이 취약했다. 게다가 은행 본점임에도 경비절감 차원에서 단 두 명의 경비원만을 두고 있었고, 그마저도 고객이 있는 낮에만 근무했지 밤에는 모두 퇴근을 했다. 숙직하는 은행원만이 숙직실에서 자면서 형식적으로 은행의 야간경비를 맡고 있는 형편이었다. 하지만 책임자였던 나를 바라보는 시선은 곱지 않았다. 나 역시 마음이 착잡했다.

하지만 이 사건을 계기로 경비와 보안을 강화했음은 물론 은행에서의 보안이 얼마나 중요한지 피부로 느끼는 계기가 되었다. 또한 이 경험은 후에 조은시스템을 운영하는 데에도 큰 도움이 되었다.

살아가면서 우리가 느끼는 절망은 수없이 많다. 하지만 모두 그저 스쳐지나가는 한순간의 괴로움일 뿐이다. 절망 속에서도 얼마든지 희망을 선택할 수 있다. 이것이 바로 우리에게 절망과 희망을 번갈아 선사하는 '보이지 않는 손'의 뜻이 아닐까.

우리가 추구하는 일들의 성취는 결국 하나님이 결정하시고 우리는 다만 최선을 다할 뿐이다. 최선을 다하고도 성공을 이루지 못했다면 그 역시 하나님 뜻으로 알고 기다리면 그뿐이다. 그게 바로 절망 속에서 희망을 선택하는 방법이다.

그러면 반드시 더 좋은 기회를 주신다. 나는 이를 몸소 체득하였다.

약점에서 강점을 발견하다

누구에게나 강점은 있다. 단지 자신의 강점을 모르고 있거나 활용하지 않을 따름이다. 선천적으로 강점이라 할 수 없는 것일지라도 집중하여 연마하면 누구라도 비교우위를 점할 수 있다.

충북은행에서 근무하던 시절 황창익 행장이 물었다.

"김 실장의 강점은 어떤 것이지요?"

"저는 강점이라기보다는 특성이 있습니다. 군에서 오랜 근무를 하여 상황판단 능력이 있다고 생각합니다. 군에서 배운 전략이나 전술 운영 경험을 기업에서 활용하면 강점이 될 수도 있다고 생각합니다."

"어느 분야에서 실력 발휘를 할 수 있겠어요?"

"작전 분야에서 근무한 경험을 살려보고 싶다. 기업이나 은행에서의 영업이 작전과 유사하니 영업에서 강한 사람이 되어보고 싶습니다."

예금유치가 중요한 시점에 은행영업을 위하여 가방을 들고 뛰어다니게 된 계기도 사실은 전역 후 사회 초년생이라는 약점을 강점으로 바꿔보고 싶은 욕구 때문이었다.

| 찾고, 만들어라 |

나의 강점은 직업군인으로서 전쟁에 참여하여 생사의 고비를 넘겼고, 그 과정에서 상황판단을 신속하게 하는 훈련이 되어 있다는 점이다. 중요한 일과 그렇지 않은 일을 재빨리 판단해 해결 방향을 제시할 수 있는 것이다. 이는 후에 기업경영에도 큰 도움이 되었다.

물론 전쟁과 기업경영이 같을 수만은 없다. 하지만 수시로 상황을 판단하고 시행하는 과정은 서로 유사하다. 어느 임무든 중요하지 않은 일에 매달리게 되면 이중의 손해를 보게 된다. 그 시간에 할 수 있었던 다른 중요한 일까지 놓치기 때문이다.

전략경영이론의 대가인 마이클 포터는 이에 대해 "전략을 세운다는 것은 무엇을 포기할 것인가를 묻는 과정"이라고 말한 바 있다. 다시 말해 전략이란 무엇을 하지 않을 것인가를 선택하는 과정이라는 것이다.

나 또한 경험상 어떤 일을 선택하고 결정해야 할 때 제일 먼저 고려해야 할 사항은 '해서는 안 되는 일이 무엇인가?'를 생각하고 그것부터 하나씩 지워나가는 것이어야 함을 알게 되었다. 그렇게 해서 맨 마지막에 남는 것을 선택하고 일을 추진해나갈 때 효율성이 가장 컸다. 이 방법은 군에서 배운 상황판단 요령을 기업경영에 적용시킨 것이다.

이 외에 또 다른 방법은 어떤 미션을 계획하거나 수행하기 전에 머릿속에 그림을 그리는 것이다. 지금의 모습, 5년 후의 모습, 10년 후의 모습을 그림으로 그려보면 무엇을 해야 할지 방법이 떠오른다. 이때 '얼마나 그림을 잘 그리냐?' 혹은 '어떤 그림을 그리느냐?'에 따라 나타나는 결과가 다르다. 그런 의미에서 우선 순위를 가리는 일도 그림을 그리는 과정의 하나라고 볼 수 있다.

기업경영이나 인생이나 마찬가지다. 강점이 없으면 살아남기 힘들다. 21년간의 군 생활에서 '경중완급의 선별기술'을 강점으로 삼고 사회에 나와 당당하게 밀고 나갔듯 우리 모두에게는 제각각의 강점이 분명 있다. 남들이 인정하든 안 하든 말이다.

만일 강점을 찾을 수 없다면 만들어서 단련하면 그뿐이다. 무엇을, 어떻게 해야 할지를 선택하고, 이를 강점으로 만들어 치밀하게 준비한다면 분명 앞으로 닥칠 일에서 큰 성과를 이룰 수 있을 것이다.

| 영업지존 |

"입사한다면 어떤 부서에서 일하고 싶나요?"

"영업부서만 아니라면 어디라도 좋습니다."

"영업 분야에서 일하는 것을 꺼리는 이유라도 있나요?"

"영업은 자신이 없습니다."

"그럼 어떤 일을 잘할 수 있나요?"

"영업만 아니면 모두 잘할 수 있습니다."

군이나 공직 출신 경력직원을 면접할 때 나누는 대화이다. 이런 경우 나는 함께 일할 의사를 포기한다. 영업을 모르고는 기업에서 어떤 일도 성공할 수 없기 때문이다. 기술직이나 회계직과 같은 전문성이 요구되는 분야도 영업을 이해하지 않고는 효율적인 지원이 어렵다.

그래서 나는 군이나 공직에서 퇴직한 후배들에게 "사회에 나와서 성공하고 싶다면 영업부터 시작하라."라고 조언한다. 사회생활에서 무언가 차별화되는 강점을 갖고 싶다면 '영업'에 관심을 기울이라고 말하는 것이다. 기업도 시장에서 살아남으려면 영업을 해야 하듯 사람도 기업에서 성공하려면 영업을 제대로 알고 또 영업을 잘해야 성장할 수 있다. 그래서 큰 아들 창윤이 ROTC를 전역하고 회사에 입사했을 때 제일 먼저 "영업을 잘 배워라."라고 말해주었고, 지금까지도 창윤이는 주로 영업 분야에서 일하고 있다.

대부분 기업이 영업부를 최우선 부서로 두는 이유는 영업이 기업의 생명줄과도 같기 때문이다. 그런데 아직도 영업에 대한 부정적인 인식이 많아 대부분 사람이 영업을 싫어한다. 관리부서나 기획부서에서 일하기를 원한다. 그러나 기업에서 일하려는 사람으로서 이러한 생각을 가진 사람들은 무기력하고 어리석은 사람이 아닐 수 없다. 다른 분야에서 일하고자 할 때에도 우선은 영업 마인드가 있어야 하기 때문이다.

생존을 하려면 무엇인가를 팔아야 한다. 사실 누구든 무엇인가를 팔고 있다. 영업사원이 물건을 판다면 철학자나 사상가는 자기 철학이나 사상을 팔고, 교사는 자신의 지식을 팔고, 노동자는 자신의 품을 팔아 살아간다.

물건을 팔든, 아이디어를 팔든, 노동을 팔든, 지식을 팔든 현대 사회는 무엇이든 팔지 않으면 생존하기 어려운 시대이다. 그러므로 경쟁에서 살아남으려면 혹은 성공하려면 영업에 대한 인식부터 바꾸어야 할 것이다. 그렇지 않으면 자기만의 세계에서 벗어날 수 없다.

그래서 나는 회사를 운영하며 작은 원칙을 정했는데 새로운 직원이 회사에 입사하면 제일 먼저 영업부서로 발령을 내 영업을 배우게 하는 것이다. 영업을 모르면 제대로 일을 할 수 없기 때문이다.

특히 유망해 보이는 사람이 입사하면 꼭 영업부터 시작하도록 했다. 경영 또한 영업을 모르고는 제대로 배울 수 없기 때문이다. 영업부서는 회사를 탄력 있고 에너지 넘치게 만드는 가장 중요한 부서이다. 그러므로 이런 과정은 꼭 필요하다.

그렇다면 어떻게 해야 즐겁게 영업을 할 수 있을까? 바로 감사의 마음을 갖는 것이다. 다시 말해 고객에 대한 고마음을 갖고 상대를 위해 뛰어다니는 것이다.

"제가 뭐 도와드릴 일이 없습니까?"

그러면 고객은 이상한 눈초리로 물을 것이다.

"어떤 일을 도와주실 수 있으시죠?"

"무엇이든요. 원하신다면, 영업을 도와드리고 싶습니다. 과제를 주십시오."

상대방에게 먼저 내주지 않으면 아무리 노력해봤자 소용이 없다. 묵묵하게 상대방을 위해 해줄 일이 무엇인지 찾아보고 최선을 다해 도와주다 보면, "저사람 왜 저래?" 하는 반응을 보이던 거래처 담당자들도 차츰 진심을 알게 된다. 일시적인 것이 아니라 지속적인 행동이라는 사실을 느끼면 신뢰감을 갖고 마음의 문을 열기 시작한다.

그런 의미에서 보면 영업이란 상대방의 욕구를 풀어주는 것이라 할 수 있겠다. 그러니까 내 물건을 사달라는 말을 하기 전에 상대방의 마음을 움직이는 것이 우선이란 뜻이다.

앞서 말했듯 영업을 즐기는 방법은 감사의 마음을 갖고 먼저 이익을 가져다주는 것이다. 상대의 이익을 위해 지속적으로 정성을 기울이다 보면 언젠가는 마음의 문을 열고 영업자의 제안에 관심을 보이고, 귀를 기울이기 시작한다. 그때 준비된 자료를 주어서 긍정적으로 검토하게 하는 것이 영업의 성공 비결이다.

누구든 지금 당장 내게 이익이 되지 않는다고 무시해버리면 안된다. 사람과 사람의 관계를 이해타산적인 잣대로만 봐서는 안 된다. 언제 어떤 인연으로 만날지 모르기 때문이다. 특히 영업은 진심으로 정성을 기울이다 보면 언젠가는 마음과 마음이 통하게 마련이므로 매사에 참고 기다리는 여유가 필요하다.

군 작전 분야에서 주로 근무한 경험에 비추어볼 때 영업은 군대의 작전과 비슷한 점이 많다. 군에서 작전계획을 수립하려면 적이 어디에 얼마나 배치돼 있는지 알아야 한다. 또 어떤 지원 능력을 갖추고 있는지 적의 정보를 철저하게 파악해야 한다. 그리고 적을 제압하려면 어떤 방법으로 가용할 수 있는 화력을 사용할 것인지도 생각해야 한다. 병력을 얼마나 배치하고 운영할 것인지, 얼마나 지원 장비를 운영할 것인지, 전차와 헬리콥터 등 기동력은 어떻게 운영할 것인지도 사전에 작전을 잘 짜놓아야 한다. 이것이 선결조건이다.

영업도 마찬가지다. 철저한 사전조사와 치밀한 준비과정, 그리고 지속적인 관리를 해야만 계약이 성사될 수 있고 또 유지될 수 있다.

아무런 연락도 없이 지내다가 어느 날 갑자기 찾아와 영업을 말할 때 호응할 사람이란 아무도 없다. 고객들은 내민 명함만 보아도 이 사람이 왜 나를 찾아왔는지 다 안다. 철저한 작전을 짜고 미리 준비해놓아야 전쟁에서 이길 수 있듯, 또 추수할 때까지 꾸준히 관리해야 많은 곡식을 얻을 수 있듯, 영업도 꾸준히 노력하고 관리해야만 계약이라는 결실을 수확할 수 있다. 이것이 영업의 지름길임을 잊어서는 안 될 것이다.

| 영업, 100:10:1 확률 게임 |

앞서 말했듯 영업은 정말 농사와 같다.

100개의 씨를 뿌렸다고 100개의 씨가 모두 싹을 틔워 열매를 맺지 않듯이, 100명을 찾아 영업을 해도 10명 정도의 상담만 이루어지고 그중 1명만이 계약으로 성사된다. 그래서 나는 영업을 100배, 10배의 확률 게임이라고 말한다.

단 몇 번 만에 영업이 이루어지는 경우는 사실 거의 없다. 지금은 경쟁이 치열한 시대이기 때문에 영업을 잘 하려면 많은 잠재고객을 만나야 한다. 앞서 밝힌 대로 추진한 영업의 10%만이 상담이 이루어지고 상담이 이루어진 데서 또 10% 정도만이 계약으로 성사되기 때문이다.

때문에 아직도 많은 후배가 영업을 어려워한다. 군이나 공직에서 근무해오면서 무엇을 판다는 일에 숙달되지 못했기 때문이다. 이런 후배들에게 어떤 조언을 해주어야 할까? 몇 가지를 정리해보았다.

첫째, 자기 제품에 대해서는 전문가 수준이 되어야 한다. 자기 제품에 대해서만큼은 모든 것을 확실하게 알고 있어야 한다는 것이다. 고객이 요구하는 서비스나 상품이 무엇인지 알아야 하고, 그 부분에 대해 전문가 이상의 지식을 갖고 있어야만 자신 있게 영업을 할 수 있다. 자신감은 전문적인 지식을 쌓아가는 과정에서 생긴다. 그리고 자신감이 생기면 고객 앞에서 당당해지고 고객의 신뢰도 얻을 수 있다. 자기 일에 전문가가 되려면 물론 공부가 선행되어야 할 것이다.

둘째, 세상이 계속 변하고 있다는 사실을 알아야 한다. 오늘은 어제와 다르고 내일은 또 오늘과 다르다. 오늘날 우리 사회는 급속도로 변화하고 있다. 때문에 어제 시장에서 통했던 것이 오늘은 통하지 않을 수도 있다. 실력 제일의 기치를 놓아서는 안 된다. 바쁜 일과 속에서도 항상 독서를 하고 영업 상대를 관찰하는 등 한발 앞서는 노력을 해야 한다.

셋째, 경쟁력을 갖추려는 노력을 게을리해서는 안 된다. 계속해서 성장해나가려면 경쟁력을 갖춰야 한다. 그렇지 않으면 현 상태를 유지하기도 어렵다. 모든 사냥개가 사냥을 잘 할 수는 없다. 날아갈 듯 잘 뛰던 사냥개도 너무 많이 먹고 운동을 하지 않으면 사냥감을 잡을 수 없다. 마찬가지로 예전에 영업을 잘했다고 자만심에 빠져 게을러지면 시장에서 퇴출당하기 쉽다. 게으른 자는 결코 영업을 잘할 수 없다. 항상 경쟁력을 갖추려는 노력이 필요하다.

넷째, 지인을 아끼고 생소한 고객을 많이 만들어야 한다. 처음 영업을 하는 사람들을 보면 아는 사람을 이용해 영업을 하는 경우를 많이 볼 수 있다. 하지만 지인을 통해 소개받아 찾아가는 이른바 네트워킹을 활용한 영업은 쉽게 성과를 올릴 수 있을지는 모르나 인맥이 소진되면 곧 자신감을 잃게 된다. 반대로 지인을 예비로 두고 있으면 든든함은 물론 지속적인 영업이 가능하다. 또 생소한 고객으로 대상을 확대시켜나가면 비교적 빨리 영업자로서의 입지를 굳힐 수도 있다.

다섯째, 아무런 경험도 기술도 없는 경우 헌신적인 태도로 승부를 봐야 한다. 이런 태도 자체가 영업이며 영업교육이다. 예를 들어 보안회사의 특성은 남들이 쉬고 휴가를 즐길 때 일하는 경우가 많다는 것이다. 즉 사람들이 잘 때 혹은 쉴 때 더 열심히 일해야 하는 직업이다. 때문에 설날이나 추석, 공휴일은 아예 휴식이 없고 더 열심히 일을 해야 한다. 그 자체를 즐긴다면 고객의 신뢰를 얻고 새로운 고객을 창출할 수 있는 계기가 될 것이다. 조은시스템도 초창기 직원들의 이러한 헌신적인 노력이 있었기에 빠르게 성장할 수 있었다.

여섯째, 한 명의 고객에게도 최선의 노력을 기울여야 한다. 창업 초기에는 무척 힘들었다. 한 명의 가입자를 위하여 모든 시스템을 갖춰야 했고 많은 규모의 선투자가 요구되었기 때문이다. 하지만 이러한 인력과 자본력이 선행되었기에 고객의 신뢰를 얻을 수 있었다.

회사가 작아서 혹은 가입자가 얼마 안 돼서 어느 정도 규모를 키운 후 시스템을 갖춰놓겠다는 생각은 잘못이다. 한 명의 가입자라도 최상의 서비스를 받아 만족해 한다면 그 가입자가 계약 기간을 연장할 수도 있고 다른 가입자를 소개하는 등 선순환이 이루어진다. 이런 과정을 통해 영업에 탄력을 받게 되면 그 다음은 콧노래를 부르며 즐길 수도 있을 것이다.

일곱째, 투자에 있어 신중을 기해야 한다. 영업 면에서 보았을 때 지금은 이익이 많이 나도 미래 성장이 불투명하다면 그 사업에서는 발을 빼야 한다. 하지만 당장은 이익이 나지 않고 오히려 손해라도 3년, 5년, 10년 후 가능성이 있다면 과감히 투자해서 사업을 키워야 한다.

내 경우도 전자경비시스템을 도입할 때 5년, 10년 후를 내다보고 결정했다. 투자해놓고 손익분기점을 넘길 때까지 무려 7년이라는 세월이 필요했지만 적절한 투자를 해놓았기 때문에 안정적인 수익모델을 구축할 수 있다.

뒤늦게 시작한 회사는 이미 기반을 잡은 회사와 똑같이 해서는 경쟁에서 이길 수 없다. 초기에는 손해를 보더라도 낮은 가격에 좋은 부가서비스를 제공해야만 인지도를 높이고 경쟁에서 이길 수 있다. 이 단계에서 생기는 부담은 큰 약점일 수도 있지만, 우선은 바구니를 크게 만들어야 더 많이 넣을 수 있으므로 크게 만드는 얼마 동안은 손해를 감수해야 한다. 수익 모델만 잘 갖춘다면 이러한 약점은 시간이 흐르면서 강점으로 바뀐다. 따라서 지금의 약점과 손해를 두려할 필요는 없다.

$\mathcal{T}$hank to $\mathcal{A}$rmy

PART 3

군에서 배운 사랑과 헌신

명령에 살고 명령에 죽는 것이 군대 생활이다. 하지만 한치의 틈도 허락치 않을 것
만 같은 군대에도 사랑과 헌신은 있었다. 대대원의 화합을 위해 애쓰시던 덕장과 실
력 없는 지휘관은 악덕을 행하는 자라며 실력을 강조하던 지장 그리고 또 수많은 선
배와 후배들 덕분에 언제 어디서나 주눅들지 않고 자신감을 지닐 수 있었다.

THANK TO ARMY

군에서 배운 경영 연습

나에게 군인 생활은 한마디로 '즐겼다' 는 표현이 적합하다.

지금도 하루에 몇 번씩 기상나팔 소리를 듣는다. 휴대전화 알람 소리를 기상나팔 소리로 정해놓았기 때문이다. 군에서 보낸 21년은 성장과 발전의 연속이었고, 많은 성취와 보람을 가져다주었으므로 이를 오랫동안 간직하고 싶은 마음이다. 특히 전역신고를 한 날의 감회를 안고 살아가는 하루하루는 새로움의 연속이다. 군은 언제나 나에게 힘을 솟구치게 하는 요람이다.

| 기업 CEO & 군 지휘관 |

군에서 중요한 것은 승패이다. 부대의 승패는 지휘관의 의지에 따라 좌우된다. 작전요무령에 나오는 지휘관의 정의는 '지휘관이 곧 부대'라고 표현되어 있다. 그만큼 지휘관이 누구인가는 중요하다. 이런 말이 있다.

"고올을 정복한 것은 로마인이 아니라 시저다. 무적을 자랑하며 로마를 전율케 한 것은 카르타고 군이 아니라 한니발이다. 인도까지 원정한 것은 마케도니아 군이 아니라 알렉산더. 세 배의 우세를 자랑하는 유럽 연합군에 대항하여 7년이나 나라를 방위한 것은 프러시아 군이 아니라 프레데릭이다."

이렇게 중요한 역할을 맡는 지휘관이 하는 일이란 상황판단 절차를 통해서 최선의 계획을 수립하되, 항상 최악의 상황에 대비한 계획을 사전에 만들어 돌발상황에서의 피해를 최소화하는 것이다.

훌륭한 지휘관은 항재전장(恒在戰場, 전쟁은 언제 일어날지 모른다)과 상하동욕자승(上下同欲者勝, 위와 아래의 욕구가 같아야 한다)의 리더십을 발휘하여 지휘관과 부하가 일심동체가 되도록 솔선수범한다. 이 때문에 지휘관이 누구냐에 따라서 전혀 다른 결과가 초래될 수도 있다.

그런 면에서 이론적 병법을 구사하는 대신 현장을 운영해 승리를 이끈 이순신 장군도 성공한 지휘자라 할 수 있다. 현장을 꿰뚫어보고 알고 있는 모든 전략전술을 활용함으로써 승리를 쟁취했기 때문이다.

기업 CEO도 군 지휘관과 같다. 기업 CEO는 기업의 브랜드이자 기업 자체이다.

새로운 천 년을 준비하는 GE의 잭 웰치, 최단 시간에 최고에 오른 마이크로소프트사의 빌 게이츠, 강철왕이라 불리는 앤드류 카네기, 도요타의 도요타 기이치로, 현대의 신화를 창조한 정주영이나 삼성의 이건희 회장처럼 기업은 CEO에 의해 좌우된다.

기업 CEO는 지휘관의 상황판단처럼 SWOT(Strength 강점, Weakness 약점, Opportunities 기회, Threats 위협) 분석을 통해서 이익을 극대화하는 사업계획을 수립하되, 최악의 상황까지 감당할 수 있는 위험 범위 설정에 고심해야 한다. 그런 의미에서 군 생활의 경험은 기업경영에 소중한 바탕이 되었다. 사업이 추진되는 현장의 핵심관리와 상황판단 능력을 통해서 리스크를 최소화하도록 노력해야 하는 사람이 바로 기업의 CEO이기 때문이다.

| 격오지 근무의 행운 |

2년 간의 월남전 참전을 끝내고 받은 보직은 동부전선 최북단 12사단의 수색중대장이었다. 비무장 지대에서의 매복과 수색, 북파요원의 호위가 주 임무였다. 당시는 방책선이 설치되긴 했지만 소규모 전투가 계속되고 있는 상황이었다.

"너는 양구에서 3년, 보병학교 구대장 2년, 베트남 전투에서 2년 근무하고 또 강원도 고성이냐? 인사가 잘못됐어!"

서부전선이나 재경지역 근무 없이 동부전선에서 계속 근무하게 되자 동기생들이 위로로 한 말이다.

원통은 군인들 사이에서는 "인제 가면 언제 오나? 원통해서 못살겠네!"라는 말이 생길 정도로 오지였고, '한국의 아프리카'라고도 불리는 곳이었다. 근무하게 된 곳은 그 원통에서도 두 시간을 더 가야 했다. 지금은 서울에서 네 시간 거리지만 그 당시는 비포장도로로 열세 시간이 걸리는 장거리였다. 그곳에 온 군인은 대부분 1년 정도 근무하고 서울 근교로 나가려 노력했지만, 새로운 지휘관이 올 때마다 "김 소령은 계속 근무하면 어때?"라는 말에 주저앉곤 했다.

힘들고 거친 땅이었지만 5년간 정성을 쏟으면서 어느새 마음의 고향이 되어버렸다. 그곳에서 결혼하여 아이 둘을 낳았고, 막내의 태동을 지켜봤다. 동기생 100여 명 가운데 2명만이 소령으로 특진했을 때 그중 1명으로 영광을 누린 곳이기도 하다. 비록 경력관리에는 그다지 도움이 되지 않았지만 여러 가지 보람이 남는 곳이었다.

특히 고성에서 근무할 당시 치른 결혼은 작전 그 자체이었다. 부임한 지 5개월이 될 즈음 결혼식 날이 잡혔으니 내려오라고 집에서 연락이 왔다. 그러나 당시는 간첩이 자주 내려와서 경계 강화가 내려진 시기였다. "지금 자리를 비울 수 없으니 결혼식을 몇 달 늦춰 달라."고 연락을 드렸다. 그러나 "이미 다 청첩을 하고 준비를 하였으니 와서 식이라도 올려라."는 답신이 왔다.

결국 결혼 하루 전날까지 매복을 하고, 새벽 첫 버스를 타고 서울로 나와 하루 한 번뿐인 야간열차를 타고 광주로 내려갔다. 새벽에 도착, 오전에 결혼식을 하고 신부에게는 "열흘 있다 올라오라."고 말

하고는 그날 바로 전방으로 돌아와 비무장지대 야간 작전에 투입되었다.

지금의 후배들이 들으면 "말이 되는 소리냐?"고 하겠지만 당시에는 그런 근무 자체가 즐겁고 보람된 일이었으며 행복한 시간이었다. 그리고 그 속에서의 결혼은 더 큰 의미가 있었다.

국가적 이슈가 되는 상황을 직접 처리했던 것도 보람을 느꼈던 일중 하나이다. 대표적인 경우가 대한항공 추락사건과 북한군 박순국 소좌의 불시착 처리였다.

수색중대장을 끝내고 연대 참모를 하던 1970년도 어느 날 오후 2시경, 3대대 상황실로부터 "KAL기가 떨어졌다."는 무전을 받았다. 연대 지역에 대한항공 여객기가 북한의 납치 미수로 거진 해변에 추락한 것이었다. 마침 연대장, 대대장들은 지휘조 훈련에 나가 부재 중이었고 내가 당직사령이었다.

크게 당황했지만 즉시 5분대기조를 출동시키고 현장으로 달려가 상황을 판단하여 보고한 후 군용트럭을 동원하여 승객들을 후송시켰다. 그렇게 3시간이 긴박하게 돌아갔다. 후에 연대장, 사단장이 복귀하여 상황을 살펴보고는 "상황 조치가 완벽했다."라며 칭찬해주었다. 그때 받은 감동은 지금도 힘을 얻는 에너지원 중 하나이다.

또 한 번은 일요일 일직근무 중에 연대본부에서 500미터 떨어진 지점에 북한 미그기가 논에 불시착하였다. 서둘러 병사 두 명을 데리고 뛰어가니 북한군 장교 한 명이 내리고 있었다. 권총을 빼들고 접근하여 무장해제를 시킨 다음 사단으로 후송하였다. 그 북한군 장교가 바로 북한군 박순국 공군소좌였다. 이때에도 신속한 조치에 대한 포상을 받았다. 당시 최영구 사단장은 지금 만나도 그때 얘기를 하며 "자네 그때 참 잘 했었어!"라고 격려해주신다.

이러한 일들을 뒤돌아볼 때마다 오랜 전방 근무의 긍지가 가슴속에 살아 숨 쉬고 군에 대한 사랑이 더욱 깊어지곤 한다.

| 덕장과 지장 |

베트남에서 중대장을 마치고 돌아와서 DMZ 수색중대장으로 전방대대에 배속되어 매일 수색과 매복 작전에 투입되었던 고성 시절, 6개월씩 두 명의 대대장 휘하에서 근무하였고 그분들로부터 좋은 리더십을 배울 수 있었다.

이 분들은 철저한 군인 정신의 소유자였다. "군인은 상관이 '저 고지에 올라가 죽자!' 하면 반드시 올라가야 된다. 상관이 좋아서 올라가던지 무서워서 올라가던지 무조건 명령에 복종해야 한다."

이러한 지론을 갖고 있는 전형적인 군인 두 사람을 상관으로 만나게 된 것이다.

그중 한 분은 수색중대장으로 있을 때 만난 2대대장인 박준병 중령이다. 시간이 지날수록 온화하고 따뜻한 카리스마를 지닌 분이라는 걸 느낄 수 있었다. 부하들이 큰 실수를 하여도 스스로 깨닫고 더욱 분발하게 하였다. 대대 전면에서 적과 접촉 흔적이 있는 등 7중대에서 전과를 올릴 기회를 두 번이나 놓쳤으나 문책하지 않았다.

내가 "작전에 실패한 부하는 용서해도 경계를 소홀히 한 부하는 용서하면 안 됩니다."라고 말하면, "김 대위! 7중대는 잘 할 수 있어!"라면서 사기 올리는 데에만 신경을 쓰셨다. 그래서인지 전체 영내 분위기가 좋지 않았는데도 7중대를 포함한 대대원들은 오히려 결속력이 강해져 늘 다음 기회를 노리게 되었고, 결국 큰 교전에서 승리하여 훈장과 포상까지 받게 되었다. 이후 자신감이 더해져 더욱 강해진 대대가 만들어졌다. 생각해보니 그 분은 덕장이셨다.

이후 박준병 대대장을 또 한 번 만나게 되었는데 1980년 초 내가 광주 지역 담당 연대장으로 있으면서 5 · 18의 큰 홍역을 치르고 있을 때였다. 그때 그는 20사단장으로 진압 작전에 투입되었다. 많은 피해를 본 다음에야 투입되었지만 시민들의 자존심을 세워주면서 큰 피해 없이 성공적으로 작전을 수행하셨다.

지금도 나는 명령에 따라 임무를 수행해야만 하는 어려운 여건에서도 시민들의 피해를 최소화하려고 노력한 공까지 폄하되는 당시의 일에 대해 안타까운 마음이 들곤 한다.

다른 한 분은 우리 중대가 배속되어 있던 전방 대대가 1대대로 교대되어 함께 근무하게 된 심기철 대대장이다. 심기철 중령은 전형적인 야전 군인이었다. '실력 없는 지휘관은 악덕을 행하는 자' 라는 생각을 갖고 계셨다. 지휘관이 실력이 없으면 결국 전쟁에서 지게 되고 부하를 죽이게 되므로 가장 나쁜 죄악이라는 실력 지상주의자였고, 원칙주의자였다. 한마디로 지장이셨다.

당시는 연탄이 제대로 보급되지 못했던 시기였고 산림녹화가 사회적 과제인 시대였다. 규정상 땔감으로 나무를 베어서는 안 된다는 지시를 내리고는 그 자신도 겨울이 되면 추운 방에서 생활하셨다. 그러면서도 밤늦도록 공부를 하셨다. 전투교범을 외우다시피 하였는데 휘하 부하들에게 "중대전투교범 몇 항 몇 절은 내용이 뭔가?" 하고 물어서 대답을 못하면 대대장 옆방에서 공부하게 했다. 부하들과 똑같이 그 자신도 추운 방에서 담요를 덮어쓰고 교범을 외우느라 손가락에 동상이 걸려 고생하신 분이다.

나중에 군내에서 '전술의 심기철'이라는 호평을 받게 되었고, 이는 나에게도 좋은 자극이 되었다. 이후 12년간 각급 부대의 작전참모로 근무하면서 실력이 중요하다는 원리를 터득하고 전역 후에도 자기계발을 위해 전력을 다하게 된 동기가 되었기 때문이다. 나뿐만이 아니다. 그때 같이 근무한 부하는 모두 그를 본받아 학구열이 높다.

덕장과 지장, 능력 있는 이 두 분의 상사가 나에게 미친 영향은 매우 크다. 지금도 내 삶을 조화롭게 이끌어준 원동력이 되었음에 늘 감사드린다.

| 따뜻한 리더십 |

같은 지역에 있는 12사단에서 나에게 '따뜻한 리더십'을 가르쳐주며 큰 영향을 준 지휘관은 안종훈 장군이다. 안종훈 장군은 공병병과 출신으로 1군 공병참모로 있다가 부사단장으로 부임하였는데 광활한

동해안 연대 지역을 지원하는 일이 부사단장의 임무였다. 그때 나는 몇 달간 연대참모로서 그의 보좌관을 겸직하게 되었다.

"김 소령! 나는 일반 복장을 준비해주게. 내가 장군 복장을 하고 별 판 달린 차를 타고 다니면 부하들이 나를 사단장으로 오인할 수 있으니 장병들이 구분할 수 있도록 복장을 달리하겠다."

당시 장군들은 항공 잠바에 검정 부츠를 신고 검정색 권총혁대에 가죽 지휘봉을 들어서 멀리서도 구분이 되었다. 당시 최영구 사단장도 준장, 자신도 준장이었지만 그는 사단장에게 절대적인 존경과 충성을 다하였다.

1년 후, 안종훈 장군은 후임 12사단장에 임명되었다. 공병이 전방 보병사단장으로 임명된 경우는 창군 이래 처음이었고, 그 이후로도 없었다.

그는 청렴 강직하여 부대에 나온 경비나 공금을 모두 공개하였다. 한 번은 전방에 대전차 장애물 공사를 하였는데 현역 장병이 일부 작업을 분담하여 처리하였으나 공사비가 예산에 반영되어 있어 하달받았었다. 많은 부대가 적당히 이를 처리하였으나 그는 항상 사단 회의에서 "어느 연대에 얼마, 어느 연대에 얼마" 하고 모두 나눠주도록 지침을 하달하고는 "얼마는 내가 쓰겠다."라고 하면서 사단장 몫 전액을 부대 복지에 사용하는 등 명쾌하게 업무 처리를 하였다. 그때 그는 많은 책을 사서 장병들에게 나눠주었는데 내가 받은 책은 《불모지대》라는 일본 소설이었다.

이 책은 군 이외의 세상을 흥미진진하게 바라보게 한 계기가 되었다. 몇 번을 반복하여 읽었다. 군을 떠나 제2의 인생을 시작하게 되었을 때 '사회에 나가서도 경쟁력을 갖출 수 있다'는 자신감을 느끼게 된 것도 바로 이 책을 읽은 후였고 '나도 할 수 있다'는 확신을 준 책이기도 했다.

권한과 책임의 한계를 일깨워 준 안종훈 장군의 리더십 특징은 한마디로 '선 조치, 후 보고'였다. 사단의 교전규칙을 보면 적에게 총을 발사할 때는 사단장에게 보고하도록 규정이 되어 있는데 그는 "너희들이 판단해서 발사를 해야 할 상황이면 먼저 발사하라. 문제가 생기면 내가 책임지겠다."며 권한 위임을 하여 장병들에게 확실한 임무 수행의지를 갖게 하였다.

또한 그에게서 배울 수 있었던 것은 넉넉한 '마음씀'이었다. 지금은 소장이 사단장을 하지만 그때는 준장이 하던 시절이었고, 그중에 우수한 지휘를 한 사람들만이 소장으로 승진하였다. 3군단 내에 있는 세 개 사단장이 모두 준장이었는데 진급 때문에 서로 치열한 경쟁을 벌이고 있었다. 그때 1군 사령관 한신韓信 대장이 사단을 방문하였다.

한신 대장은 "첫째, 잘 먹여라. 둘째, 잘 입혀라. 셋째, 잘 재워라. 넷째, 교육훈련을 철저히 하라."는 지휘 방침을 가지고 전 야전군을 독려하신 분이다. 지금 와서 보면 이해가 안 되는 당연한 지침이지만 부정부패가 심했던 그 시절에는 큰 과제였다. 한신 대장은 청렴성과 부패 척결로 존경받고 있었고 모든 지휘관이 가장 무서워하는 분이셨다.

한 번은 동해안 지역에서 한신 대장과 안종훈 장군이 밤늦게까지 군의 발전에 대한 격론을 벌였다. 나도 마침 배석할 기회가 있었다.

내 생각으로는 한신 사령관과 감히 논쟁을 한다는 것은 상상도 안 되는 일이었는데 안종훈 장군은 인력 운영, 방어선 조정, 군의 미래 등에 대하여 군사령관과 거침없는 대화를 나누었다. 그러고는 이렇게 말했다.

"사령관님, 이번 진급에는 21사단장 최일영 장군이 꼭 되어야 합니다. 지휘 능력, 인품, 여론 모든 면에서 가장 훌륭합니다. 그리고 공병감이 소장이 되어야 합니다. 공병은 전투 시에 중요한 역할을 담당하기 때문에 공병감이 소장이 되어야 공병의 사기가 올라갑니다."

공병감은 안종훈 장군의 육사 동기생이었지만 경쟁자였고, 21사단장 최일영 장군도 경쟁자였다. 그들 셋은 모두 이번 진급이 마지막 기회였다.

"그럼 안 장군은 진급 안 하겠다, 이건가?"

군사령관이 묻자 그는 이렇게 말했다.

"저는 공병으로 보병사단장을 하였으니 더 이상 뭘 바라겠습니까? 만족합니다."

인사는 공정해야 한다면서 다른 사람을 적극 추천하는 것을 보면서 크게 감명을 받았다. 인사는 그의 진언대로 결정되었다.

결국 진급을 못하고 안종훈 장군은 준장으로 사단장을 마쳤다. 내가 그곳을 떠나 육군대학에 수학하고 있을 때 사단장 임기가 끝났다. 이임식에서 사단 전 장병이 무척 애석해 했다는 얘기를 전해 들었다.

그 후 그는 군수참모부차장으로 있다가 마지막에 소장으로 진급하였고 초창기 조달본부장으로 영전하였다. 조달본부를 깨끗한 기관으로 변화시킨 인물이기도 하다. 그가 조달본부에 와 업무를 수행하면서 일체의 정치적 청탁을 받지 않자 수십 통의 투서가 청와대에 집중되기도 했다.

그러자 박정희 대통령은 "안종훈을 모함하는 사람은 누구든 즉시 수사하여 보고해!"라는 엄명을 내렸다. 결국 투서를 한 사람 모두가 수사를 받게 되었다. 안종훈 장군은 자신을 신뢰하는 든든한 통수권자 덕분에 초창기의 조달본부를 공정하고 투명한 조직으로 만드는 행운을 누렸다.

안종훈 장군은 조달본부장을 마치고 중장으로 승진하여 군수사령관의 중책을 담당하게 되었다. 그러나 1980년 5월 17일 국방부 지휘관 회의에서 비상계엄 확대에 관해 반대 발언을 하였고, 다음날 전역을 권유받고 바로 전역하게 되었다. 그리고 몇 년간 감시 상태에 있었다. 하지만 그 가운데에도 공부를 시작하여 박사 학위를 얻는 등 학구열을 불태웠다.

안종훈 장군이 가택연금에 준하는 상태에 있을 때 나는 전역하여 직장에 다니는 상태였으므로 한 달에 한 번 정도 그를 방문했었다.

"자네는 민간인이어서 괜찮지만 현역에 있는 누구도 나를 찾아오거나 전화를 하지 않도록 미리 일러두게."

혹시라도 옛 부하들이 불이익을 받을까 하여 신경을 쓰고 배려하는 것이었다.

"군인이 정치에 개입해서는 안 된다고 말한 게 무슨 죄입니까? 왜 전역을 하셨습니까?"

그러자 그가 미소를 띠며 대답하셨다.

"사람은 거역할 수 없는 흐름을 알아야 해. 군에서의 내 역할은 이제 끝났어. 자네도 제2의 인생에서 아름다운 꿈을 가꾸고 그 속에서 새로운 보람을 찾게나."

항상 부하를, 동료를 배려하고 격려해주신 안종훈 장군은 몇 년 전에 별세하셨지만 그분의 훈훈한 정은 언제나 내 가슴속에 간직하고 있다. 동부전선 최북단에서 그에게서 배운 열정과 헌신, 사심 없는 인간관계는 지금까지도 인생 수업의 큰 자산이라 할 것이다.

도전과 희망의 개척자들

국방부 기획국에서 근무하던 문영표 중령은 내가 임관한 해에 육사를 졸업하고 양구의 같은 대대에서 소대장을 하면서부터 절친한 사이가 되었다. 육군대학도 동기로 나오고 근무도 여러 번 같이 하였다. 그런데 국방관리 연구원으로 잠시 근무할 때 그가 전역하고 회사에 취직하였다는 말을 들었다. 보안회사였다.

그를 찾아갔다. 동교동 사거리 근처의 작은 4층 건물 맨 위층에 사무실이 있었다. 초라하기 짝이 없었다. 고작 6명인 회사의 이사로 재직해 있는 그를 보았다.

사무실을 나와 우리는 칼국수집에 마주 앉았다. 단도직입적으로 물었다.

"새로운 도전이긴 하지만 너무 무모한 거 아니야?"

"앞으로는 보안 분야가 성장할 가능성이 있어. 한번 열심히 해볼 거야."

"좋은 회사에도 들어갈 수 있잖아. 이렇게 작은 회사에서 고생할 필요가 있을까?"

"이 분야를 개척해봐야지!"

그의 열의에 찬 눈빛을 보며 난 이렇게 말할 수밖에 없었다.

"앞으로 혹시 내 도움이 필요하면 얘기해."

문영표 이사의 요청으로 틈을 내어 몇 번 영업 현장에 따라나섰다. 은행이나 공공기관에 가서 그가 "보안시스템을 설치하면 인건비도 절약되고 무엇보다 고객에게 안전한 서비스를 할 수 있다."는 설명을 하면 옆에 있다가 "선진국은 이미 다 설치하고 활용하고 있다."는 말로, 이를테면 바람잡이 역할을 하는 게 내 역할이었다.

당시 문영표 이사는 많은 고생을 했었다. 사장이 폐암 수술을 받고 투병 중일 때 사장직을 이어 받았기 때문이다. 그러나 그는 몇 번이나 부도 위기를 넘기고 자기 집과 모든 재산을 은행에 담보로 제공하는 등 회사를 살리려고 전력을 다하였다. 그의 노력은 감동적이었다. 기계경비 회사로 전환되는 과정에서 자금 소요가 증가하고 현금 흐름이 여의치 않자 팔방으로 뛰어다니면서도 영업에 집중하였다.

당시는 군이나 공직에서 퇴직하고 나와 회사 임원으로 취직되었다고 좋아하던 사람이 "어느 날 갑자기 사장이 담보 넣어달라, 재정보증 해달라고 사정하여 해주었더니 부도내고 도망가 버렸다."라며 하소연하는 일이 많은 시기였다. 그래서 친구인 문영표 이사가 걱정되어 물어보았다.

"회사가 망하면 어떻게 되나?"

"망하면 '거지' 되는 거지."

그는 내 걱정을 눈치챘는지 빙긋이 웃었다.

"너는 잘 할 수 있을 거야. 힘내!"

해줄 수 있는 일은 격려밖에 없었다.

기업주도 아니면서 경영을 떠맡아 기업주 이상의 심혈을 기울인다는 것은 개척정신이 없으면 불가능하다.

다행히도 그의 회사는 변신에 성공하였다. IMF 경제 위기 당시 한 푼의 외화가 절박할 때 1억 불의 외자를 유치하여 미국 회사와 M&A 를 성사시킨 것이다. 투자를 유치한 후에도 그는 회장으로 3년간 더 근무하고 퇴직했다. 하지만 큰돈을 번 것은 작고한 창업자의 아들들일 뿐, 그에게 돌아온 건 명예 외엔 없었다.

"돌아가신 회장님이 계셨다면 네게도 지분을 주지 않았을까?"

"괜찮아. 나는 작은 회사에 들어가서 가치 있는 큰 회사를 만든 것만으로도 만족해. 이 분야를 개척했다는 기쁨이 있고, 본래 생각한 것을 이루었으니 성공한 거지."

그는 자랑스러워했지만, 나는 씁쓸했다.

월드건설의 조규상 회장은 20년 이상을 군의 군수지원 분야에서 근무하고 전역하여 건설업에 뛰어든 분이다. 격조 높은 고급 아파트나 빌라가 소비자들의 수요를 충족시킬 수 있다고 보고 '월드메르디앙'이라는 브랜드로 선발업체인 큰 회사들과 경쟁하였다.

그는 시장이 아무리 넓고 크더라도 작게 시작하여 고객만족을 이루어야 성공할 수 있다는 나름대로의 길을 터득하고 있었다. 또한 고객이 원하는 것을 만들어 공급해야 성공한다는 확신을 가지고 있었다. 결국 그가 창업한 회사는 현재 실력을 인정받는 건실한 건설회사로 입지를 굳혔다.

조규상 회장의 성공 비결은 무엇일까?

핵심은 상황판단을 정확히 할 줄 알았다는 것이다. 모든 시설이나 주택을 고객 입장에서 보고 입지, 형태, 내부시설에서 고객 욕구를 충족시키고자 노력하였다. 또한 지속적인 특성화를 통하여 더욱 새로운 모델을 선보이고 브랜드 가치를 높이는 일련의 작업들을 계속했다.

결과적으로 그는 수준 높은 고급 주거시설을 개발하였다. 그렇게 사후관리에 특별한 배려를 기울인 메르디앙은 고객에게 높은 만족을 줄 수 있었으며, 금새 입소문이 났다. 그리하여 메르디앙의 분양은 점점 경쟁이 치열해졌다.

그가 얻은 것은 신뢰였다. 그리고 그 신뢰가 강하고 탄탄한 건설회사를 만든 것이다.

(주)동마의 이석명 회장 역시 새로운 분야를 개척하여 성공한 분이다.

그는 내가 양평 옥천에서 연대 작전참모를 할 때 연대장이었다. 미국 참모대학을 나온 실력파로 평가받고 있었고 지휘 능력이나 인품이 훌륭한 분이었다. 그러나 휘하 부하들의 기대와는 달리 장군 진급이 안 되었다. 하지만 독실한 불교신자인 그는 오히려 '팔자소관' 이라며 평안한 태도를 보이셨다. 부하들끼리 만나면 "우리가 보좌를 잘못한 결과"라고 자책하고는 하였는데 사회에서의 변신은 상상 밖이었다. 어린이 대공원의 놀이동산을 책임 운영하게 된 것이다.

"새로운 분야를 개척하고 계시는군요."

"누가 하고 있던 사업이었는데 확장도 하고 시설도 개선하고…….
조금 좋게 만들어가고 있을 뿐인걸. 허허허."

"그래도 생소하실 텐데 어디에 역점을 두고 운영하고 계신가요?"

"프로그램을 재미있게 하되 특히 안전성을 높이는 데 중점을 두고 있지. 운영요원 교육에도 많은 신경을 쓰고 있네."

"좋은 시설이 많던데 착상은 어디서 얻습니까?"

"세계 여러 나라 시설의 장점을 벤치마킹하고 가까운 일본에서 최신 시설을 도입하고 있네."

합참에서 주로 전략 분야에 오랜 근무를 하면서 영어와 일본어에 능통했는데, 지속적으로 이를 활용해 성과를 내고 계신 것이었다. 군에서와는 전혀 다른 생소한 일이지만 어린이들이 즐길 수 있는 낙원을 만들어 봉사하게 된 자체는 축복이었다. 그는 부산과 휴전선 근처 도라산에도 새로운 시설을 확충하고 이 분야에서 독보적인 전문가가 되었다. 또한 협회를 이끌어가면서 선도적 역할을 하고 레저·위락 산업을 전반적으로 향상시킨 업적을 남겼다. 아울러 넉넉한 마음씀으로 주위에 베푸는 인생을 즐기고 있다.

나 또한 이석명 연대장 휘하에 근무하면서 많은 것을 배울 수 있었다. '상황판단 순서'에 의하여 순리 정연하게 일을 처리하는 요령이 그것이다.

여기서 말하는 상황판단 순서란 '임무를 분석' 하고, 예상되는 상황을 그려 '상황을 검토' 하고, '가능한 방책을 두세 개 선정' 한 후 영향을 줄 수 있는 '요소별로 비교' 하여, '최선의 방책을 결정' 하는 절차를 말한다. 사회에 나와서도 그에게서 배운 상황판단 순서는 습관화가 되어 어려운 일도 쉽게 처리하는 지혜를 발휘하게 해주었다.

| 친화력 승부 |

"평화를 원하거든 전쟁을 준비하라."라는 말이 있다. 이는 수많은 전쟁의 역사에서 얻은 진리다.

한국전쟁은 16개국이 참전한 근대사에서 벌어진 큰 세계전쟁일 뿐만 아니라 거의 100만 명의 희생자를 낸 우리 민족의 비극이다. 같은 비극을 겪지 말자는 시스템이 '전시대비' 이다. 이를 위하여 비상계획업무가 중요 기관이나 기업체별로 준비되었고, 이를 담당하는 책임자가 비상계획관이다.

기관의 장이나 경영자의 의지에 따라 달라지긴 하지만 어떤 기업은 비상계획관을 잘 활용하여 전시대비는 물론 총무, 안전관리, 영업 등 다른 업무도 담당시켜 일거양득의 효과를 얻고 있다. 반면 비상계획 업무 자체를 백안시하고 비상계획관을 소외시키는 기업도 있다. 어느 쪽이 이익일까?

재경부 조태무 비상계획관은 사람들에게 그 역할의 중요성을 확실하게 인식시켜준 인물로 특유의 친화력으로 공무원 사회에 적응한 성공 사례이다. 그는 '모두가 그를 좋아하게' 만들었다. 그 요인은 무엇이었을까? 태도나 자세였을까? 활동 영역이 그러했을까? 그 모두였다. 겸손한 마음과 낮은 자세로 임하자 상하의 신뢰를 받게 되고 신뢰를 받으니 돈독한 인간관계가 이루어져 더 두터운 신뢰가 생기는 선순환 구조를 만들었던 것이다.

"우리 모두가 좋아합니다."

우연히 오종남 국장과 만나게 되었을 때 그는 조태무 국장에 대하여 이렇게 말했다. 이런 인간관계는 전시대비 업무뿐 아니라 부처의 부수적 업무까지 원활히 수행할 수 있게 하였고 그 이후로도 좋은 네트워크를 이루어 모두의 부러움을 사곤 했다.

조태무 비상계획관을 처음 만난 건 내가 대대장으로 있을 때였다. 당시 우리 대대가 군단 내에서 보병 부대평가 1등이 된 적이 있었는데, 그때 포병대대 1등이 조태무 중령대대였다. 어떤 방식으로 지휘를 하고 있는지 궁금하여 대대를 방문하였다.

입구에 '1등 977대대'라는 현수막이 걸려 있었다. 1977년이었는데 부대원들의 눈빛이 빛나고 있었다. 부대지휘, 교육훈련, 장비관리에서는 물론 사기 또한 높아 보였다. 여기에 부대의 역량을 목표에 집중시키는 지휘관의 에너지를 느낄 수 있어 좋은 자극이 되었다. 나로서는 배울 것이 많았던 방문이었다.

그 후 정부부처에서 시작한 그의 제2의 인생에서도 그가 지닌 장점은 통했다. 특유의 친화력과 따뜻한 정情이 군대에서뿐만 아니라 사회에서도 빛을 발한 것이다. 함께 근무하는 모두와 동지적 관계로 신뢰를 얻고 있었으니 말이다.

전역 후 사회생활을 시작하며 걱정하는 후배들을 볼 때마다 나는 늘 이렇게 말하곤 한다.

"군에서 노력한 2분의 1만큼만 열심히 하면 누구나 사회에서 성공할 수 있어요."

군에서의 생활과 사회에서의 생활은 다르지 않다. 조태무 비상계획관의 예에서 보듯이 사회에 나와서도 군에서처럼 자신의 장점을 발휘한다면 누구나 인정받고 성공할 수 있다.

| 노사 화합의 명인 |

노사문제에 있어서도 군인 출신의 강점을 이용하면 탁월한 실력 발휘를 할 수 있다. 프레지던트호텔의 이후득 이사는 내가 보병대대장이었을 때 중대장이었기에 인연이 있다. 중대 평가도 1등, 근무 태도도 뛰어나서 군에 큰 기여를 하겠구나 기대했던 사람이다. 그런데 갑자기 전역하였다는 말을 들었다. 나 또한 사회에 나와 겨우 내 앞길을 어렵게 개척하고 있던지라 도움을 줄 수 없어서 크게 당황했다. 그래서 그를 만나서 물었다.

"왜 벌써 전역을 했나?"

"사회에 나와서도 할 일이 있을 것 같아 새로운 출발을 한 겁니다."

"무슨 계획이 있었어?"

"지금부터 계획을 세워야지요."

그는 웃으며 말했다. 나중에 알게 된 사실이지만 육군대학을 나와 전방에 연대 작전참모로 있으면서 연대장과 갈등을 겪었는데 심성이 여린 그가 스스로 물러났다는 것이었다. 그는 그 사실에 대해서 일체의 불평도 없이 굳게 입을 닫고 있었다.

"군에서 하던 만큼만 열심히 하면 사회에서도 성공할 수 있네."

내가 할 수 있는 것이라곤 위로가 고작이었다. 그는 2년 정도 쉬면서 공부를 하여 경영학 석사과정을 이수하는 등 자기계발에 부단히 노력하였다. 그러다가 실력을 인정받아 호텔인이 된 것이다. 사실 증권회사와 호텔 양쪽에서 제안이 왔는데 호텔을 선택한 것이라 했다.

잘한 선택이라 생각했다. 군인이었던 그가 능력을 발휘하는 데에는 호텔이 더 유리할 것으로 보였기 때문이다. 그는 임원을 뿌리치고 낮은 직급에서부터 시작했다. 그리고 과장에서 차장, 부장, 총무이사로 승진하기까지 열심히 노력한 결과 대주주나 상사의 절대적 신뢰를 얻었을 뿐 아니라 노조와 휘하 직원들에게도 사랑을 받게 되었다.

프레지던트호텔에 가끔 들르게 되면 그가 호텔에 꼭 필요한 사람이 된 것을 느낄 수 있다. 그와 같이 근무하는 동료이자 우리나라에서 처음 조리명장이 된 정영도 이사는 "노사화합에 기여한 공로가 인정되어 '노사경영대상' 대통령상도 받으셨어요."라면서 그의 일을 마치 자기 일처럼 기뻐했다. 영업력은 물론 사람관리에서도 탁월한 능력을 발휘한 것 같아 기분이 좋았다.

그는 늘 직원들에게 자기계발에 대해 조언을 한다. 노조위원장으로 하여금 호텔 분야의 박사 학위를 얻게 하여 교수로 진출시킨 사례도 있었다. 군에서 능력을 인정받은 만큼 사회에서도 성공의 길을 걷고 있는 것이다.

그는 노사문제도 군에서처럼 진정한 마음을 주면 역동적인 상생의
관계를 구축할 수 있다는 것을 몸소 보여준 드문 사람이었다.

| 변신의 모델 |

장우주 장군은 예비역소장이다. 20년간 대기업의 건설회사 사장을 역
임하고 경영컨설팅 회사를 직접 운영하고 있다. 80세인 지금까지도 일
선에서 역동적으로 일하고 있다. 그 저력은 어디에서 나오는 것일까?

다름 아닌 겸손한 태도가 그를 이끌고 있다. 그는 현역에 있을 때에
도 권위를 중시하는 군에서는 보기 드물게 부드러운 태도와 좋은 매
너로 조직을 이끌었다는 평을 받았다.

조치환 대령은 전역하고 수출입은행에서 정년으로 퇴직할 때까지
그 조직에서 보배 같은 존재였다. 지형 연구와 산행의 달인이었기 때
문이다. 그는 《명산팔경과 문화유산을 한걸음으로》라는 저서를 낼 만
큼 해박한 지식을 지니고 있다. 육군대학 동기모임이나 기타 산악모
임에서 산행을 갈 때 그가 동행하면 어느 산행이든지 몇 배의 가치를
갖게 될 정도였다. "임진왜란 때 김덕령 장군이 의병을 일으켜서 이
산에서 어떻게 싸웠다."는 식으로 산의 역사를 눈에 보이듯이 설명하
는 그를 보노라면 역사 공부를 곁들인 산행이 절로 즐겁기만 하다.

트럼펫을 잘 다루는 김동희라는 후배도 있다. 그는 여러 사람이 있는 곳에는 항상 트럼펫을 들고 나타난다. 분위기 있게 연주를 들려주면 좋은 정에 취하게 된다. 그는 주말이면 양로원이나 보육원 같은 소외된 이웃들을 찾아간다. 공직에 오래도록 봉사하고 이제는 헌신하는 삶을 사는 것이다. 이러한 그 또한 행복한 사람이자 변신의 성공 모델이다.

이처럼 사람은 누구나 자신만이 지닌 고유의 특성이 있다. 이를 다른 사람에게 활용하고 즐거움을 준다는 것은 분명 가치 있는 일이다.

| 기업가 정신 & 군인 정신 |

군에 있을 당시 또 전역을 준비하며 읽고 또 읽은 책이 있다. 바로 야마자키 도요꼬의 대하소설 《불모지대》이다. 이 책은 일본 유수의 종합상사인 이또오쮸에서 일했던 세지마 류조라는 성공한 군인 출신 기업인을 모델로 쓴 실화소설이다. 대략의 줄거리는 이러하다.

주인공 이끼 다다시는 일본군 육군중령이었다. 그는 일본육사와 육군대학을 졸업한 후 일본군 대본영 작전참모부의 엘리트 군인이 되었다. 그런데 일본이 패망하면서 소련군 포로가 돼 11년 동안 시베리아 포로수용소에서 억류생활을 하다가 귀환한다.

그때 마침 무역회사 사장인 다이몬 이찌조가 인재를 찾는다. 전쟁이 끝나면서 재벌계 무역회사가 되살아나고 있음을 보면서 작은 무역회사가 살아남을 방법은 조직력을 갖추는 것뿐이라고 판단했기 때문이다. 다이몬 사장이 찾은 인재가 바로 11년 동안 시베리아에서 억류생활을 하고 귀환한 이끼 다다시였다. 전쟁이 끝난 지 13년이나 지났는데 시베리아에서 귀환한 전직 군인 따위를 채용하는 이유가 뭐냐며 극구 말리는 주변 사람들의 반대를 무릅쓰고 그는 삼고초려 끝에 이끼 다다시를 채용한다.

다이쪼 사장이 그를 영입하려고 한 것은 전직 군인의 연줄을 기대해서가 아니었다. 작전참모의 작전력과 조직력에 큰 기대를 걸었기 때문이다. 작전참모는 군이 국가와 민족을 위해 전력을 다해 양성해놓은 인재 중 인재라고 생각한 것이다.

기업과 군대가 다르지 않기 때문에 일본군 대본영작전참모였다면 얼마든지 그 능력을 발휘해 자신의 회사에서 작전력과 조직력을 발휘할 수 있을 거라 생각했다. 다이쪼 사장의 생각은 틀리지 않았다. 이끼 다다시는 마흔이 넘어 사회생활을 시작했지만 놀라운 영업실적을 보이며 기업인으로 크게 성공하게 된다.

전역하면서 나는 이 책을 다시 감명 깊게 읽었다. 다섯 권이나 되는 긴 장편 대하소설이었지만 외우다시피 할 정도로 읽고 또 읽었다. 이 책을 읽으면 '나도 해낼 수 있다'는 생각에 용기가 나기 때문이었다.

군대에서는 헌신, 의지력, 책임감, 임전무퇴, 자기노력, 투지 등을 참다운 군인정신이라 부른다. 나는 이러한 참다운 군인정신이 올바른 기업정신이라고 본다.

이끼 다다시가 성공한 것도 참다운 군인정신이 있었기 때문이다. 참다운 군인정신은 비즈니스 세계에서도 통한다. 희생과 봉사, 투지,

책임감으로 무장한 사람은 사심이 없고 헌신적이어서 기업에서도 진가를 발휘하는 것이다. 나의 경우만 해도 군에서 배운 작전, 조직관리가 기업경영에 절대적인 도움이 되었다.

감사할 줄 알아야 진짜 프로

"우리는 나라를 사랑하는 순수한 마음을 지닌 소년과 같습니다. 근면, 성실을 자랑삼아 오랜 군생활과 공직생활에 아낌없는 열정을 받쳐오지 않았습니까. 또한 사심 없이 조직을 아끼고, 상사와 동료, 부하에게 마음을 쏟아왔습니다. 덕택에 우리는 '저 고지에 올라가 죽자'고 하였을 때 같이 죽을 수 있는 부하를 가지게 되었습니다.

하지만 우리가 안보와 군의 발전에 매진해 있는 동안 사회는 또 다른 시스템으로 발전을 거듭해왔습니다. 따라서 자신의 영역을 구축하려면 이제는 좀 더 겸손한 마음과 진취적인 시각으로 새로운 세상에 적응해야 합니다. 우리는 사회에 나와서도 프로가 되어야 하기 때문입니다."

군에서 나와 비상계획업무를 담당하는 500여 명의 후배들에게 한 특강의 머리말이었다. 그때 후배들은 프로와 아마추어는 어떻게 구분하느냐고 물었다. 나의 대답은 간단했다.

"프로는 임무를 중심으로 움직이고 아마추어는 시간을 중심으로 움직이지요."

일이 있으면 프로는 밤을 새워서라도 성과를 내지만 아마추어는 정해진 시간에만 일한다. 일의 완성도와 관계없이 업무 시간이 끝나면 하던 일도 그냥 접는다.

| 프로와 아마추어 |

아마추어가 시간을 중심으로 움직인다면 프로는 일을 중심으로 움직인다. 그래서 프로는 여유 있게 즐길 수 있다. 프로는 밤을 새워서라도 일을 하고 일이 없으면 대낮이라도 잠을 자거나 다른 일을 한다. 바둑을 둘 때도 대부분의 프로는 좋은 착점을 많이 남겨두고 즐기면서 바둑을 두지만 아마추어는 좋은 착점을 보면 참지 못하고 덤비다가 대세를 그르치는 경우가 많다.

프로는 회사에 이익을 창출할 줄 아는 사람이다. 아무리 열심히 일을 해도 회사에 이익을 내지 못하는 사람은 프로가 아니다. 그래서 프로의식을 가진 사람은 어디에서든 중요하다.

프로처럼 일하는 임직원을 얻는 것, 그것은 축복이다. 우리 회사는 네 명의 임직원으로 출발해서 3,200여 명의 직원으로 늘어났고, 가입고객 역시 1곳으로 시작해서 45,000여 개소가 되었다. 이는 우리 직원들의 헌신적인 프로정신이 밑받침되었기에 가능한 일임을 잊지 않고 있다.

이처럼 프로에게는 몇 가지 특징이 있다.

첫째, 최고를 향한 열망이 높다.

프로는 최고가 되겠다는 열망이 대단하다. 꼭 성취하고 말겠다는 간절한 열망이 있고, 그 어떤 고난이나 어려움도 이겨낼 의지가 있다. 그리스 로마 신화에 이런 이야기가 있다.

키프로스의 왕인 피그말리온은 여성을 좋아하지 않았다. 결혼할 마음도 없었다. 하지만 그는 자신의 뛰어난 조각 솜씨를 발휘하여 아름다운 여인상을 조각하기 시작했다. 실물 크기의 이 여인상은 세상 어떤 여인보다도 아름다웠다. 마침내 피그말리온은 이 여인상을 사랑하게 되었고 '갈라테이아' 라는 이름도 붙여주었다.

그러던 어느 날 신에게 소원을 비는 축제가 열렸다. 그는 신에게 갈라테이아를 사랑하게 되었으니 아내로 맞이하게 해달라고 빌고 또 빌었다. 그러고는 기도를 마치고 집에 돌아와 여인상의 손등에 입을 맞추었는데 놀랍게도 여인상의 손에서 온기가 느껴지기 시작했다. 놀란 피그말리온이 그녀의 몸을 어루만지자 따스한 체온이 느껴지면서 조각상은 아름다운 실제의 여인으로 변하기 시작했다. 사랑의 여신 아프로디테가 피그말리온의 순수한 열정에 감동하여 조각상에 생명을 불어넣어준 것이다. 마침내 피그말리온은 자신의 소망을 이룰 수 있

게 되었다.

이 신화로부터 '어떤 소망을 품고 그 소망을 이루기 위해 최선을 다하면 언젠가는 그 소망이 현실로 이루어진다'는 피그말리온 효과 Pygmalion Effect라는 말이 생겼다.

이처럼 간절한 열망은 강한 성취동기를 불러일으킨다. 강한 성취동기를 가진 사람은 목표를 이루기 위해 끊임없이 노력하기 때문에 결국에는 해내고야 만다. 최고가 되겠다는 열망을 가진 사람이 바로 프로다. 프로가 되고 싶다면 열망을 가져라.

둘째, 한 우물을 판다.

최고가 되려면 한 가지 일을 꾸준히 해서 전문적인 식견이 있어야 한다. 우리나라 억대 연봉자들의 공통점을 조사해보니 이들은 최소한 한 분야에서 10년 이상 한 우물을 판 사람들이었다. 직장은 바꿔도 직업은 바꾸지 않는다는 것이 그들의 프로정신이다. 평생직장이 아니라 평생직업이 중요하다는 것을 보여준다. 아마추어들이 여기저기 기웃거리며 시간을 보내는 동안 프로들은 '선택과 집중'을 통해 한 우물만을 판다. 이 일 저 일 하면서 성공하기에는 이 세상에 경쟁자들이 너무나 많다.

자기 자신이 가장 잘할 수 있는 분야를 선택해 집중적으로 노력할 때 프로의 대열에 오를 수 있다. 제일 잘할 수 있는 것을 찾아서 한 곳을 파라. 그러면 프로가 될 것이다.

셋째, 자기 일을 즐긴다.

프로는 자기 일을 즐기지만 아마추어는 일을 즐기지 못한다. 프로는 일vocation을 휴가vacation로 만들어 즐겁게 일한다. "피할 수 없다면 즐겨라."라는 말이 있듯 자기에게 주어진 일을 내 일처럼 즐겁게 하는 사람은 피곤도 덜하고 결과도 좋다. 하지만 내 일과 남의 일을 구분하면서 어떻게 하면 조금이라도 일을 적게 할까 궁리하는 사람은 프로가 될 수 없다. 즉 주어진 일을 어쩔 수 없이 하는 일로 여겨 푸념하며 일하는 사람은 프로가 될 수 없다.

일을 재미있는 놀이로 생각하고 접근해야 일도 즐겁고 마음도 행복해지는 것이다. 자신의 일을 즐기고 사랑하라. 그러면 그것이 실천이라는 행동으로 이어지고 프로가 될 수 있다.

넷째, 포기하지 않는 승부근성을 가지고 있다.

프로는 남에게 뒤지고는 못 배기는 승부근성이 있다. 이러한 포기를 모르는 끈기와 열정이 프로를 만드는 원동력이다. 그러므로 어느 분야든 프로가 되려면 포기하지 않는 근성부터 가져야 한다.

많은 기업체에서 인재를 선택할 때 가장 중요하게 평가하는 능력이 바로 '강한 성취욕'과 '끈질긴 승부근성'이다. 절대 지지 않겠다는 승부근성을 가진 사람에게 마지막 순간까지 포기란 없다. 힘든 일일수록 200%의 능력을 발휘한다는 각오로 최선을 다하는 것이 프로이기 때문이다.

기업에서는 강한 승부근성을 가진 사람이 필요하다. 웬만한 위험에 노출되어도 쉽게 포기하지 않을 뚜렷한 의지와 이를 극복하려는 억척스러움이 녹아 있는 사람이 바로 승부근성이 있는 사람, 바로 프로이다.

　전문적인 식견을 가지고 일을 잘 해내는 능력을 지닌 사람을 우리는 프로라고 부른다. 그리고 프로정신을 지닌 사람만이 회사에 이익을 가져다줄 수 있다. 이것이 내가 우리 회사 직원들에게 "프로가 되자."라고 항상 강조하는 이유이다.

| 감사와 겸손은 성공의 거름 |

"어떤 방식으로 살아야 사회에서 성공할 수 있을까요?"
　군을 전역하는 후배들이 묻는 말이다.
　"매사에 감사하고, 자기 일에 확실한 능력을 갖추고, 겸손하게 행동하면 누구나 성공할 수 있습니다."
　누구에게나 자기를 확장시킬 수 있는 두 가지 무기가 있다. 바로 '감사'와 '겸손'이다. 그중 감사하는 마음은 프로의 덕목이며 경쟁력의 바탕이다. 또한 무적의 자신감이기도 하다. 고위직에서 성공하여 퇴직했음에도 사회에 나오면 뜻밖에도 불만을 잔뜩 늘어놓는 사람을 종종 볼 수 있는데, 그래서 불만을 가질 만한 사람이 오히려 현실에 감사하고 만족하는 것을 보면 존경스럽게 느껴지기까지 한다.
　사실 우리가 살아가면서 이루어가는 모든 것에는 눈에 보이지 않는 어떤 힘이 작용한다. 그것이 행운이든 불행이든, 혹은 성공이든 실패이든 우리가 받아들이는 방법은 딱 한가지뿐이다. 운명, 하나님의 뜻, 혹은 팔자소관으로 여기고 감사하고 겸허하게 그 뜻을 헤아리는 것이다.

'감사'는 하나님이 우리 인간에게만 주신 가장 큰 축복이다. 항상 감사하는 사람은 적이 없으며 언제든 성공하기 마련이다. 이 세상에서 가장 어려운 덧셈은 감사할 조건을 헤아리는 것이라고 한다. 끝없이 헤아려도 헤아릴 수 없을 만큼 많기 때문이다.

누군가를 원망하고 있을 시간이 어디 있는가. "원망하면 원망할 일만 생긴다."라는 원리를 가슴에 새길 필요가 있다. 군에서 대장으로 승진하지 못하고 중장으로 퇴역한 후배가 그러했다.

"아무개 때문에 진급이 안 되어 나왔어요."

그는 상황을 무척이나 아쉬워하며 분개했지만 내 생각은 좀 달랐다. 군에서 나름대로 존경받는 생활을 했고 또한 녹봉을 받았기에 평생 군에 감사해야 한다고 생각했던 것이다. 물론 그의 마음을 이해하지 못하는 것은 아니었지만 불만을 가진 채로 사회생활을 시작하는 것보다는 새로운 도전으로 받아들이는 편이 좋을 듯 싶었다.

군과 사회의 승진 형태는 많이 다르다. 일반 직장은 당장 승진을 못하더라도 다음 기회를 기약할 수 있다. 또 굳이 승진을 하지 않더라도 원한다면 계속해서 직장생활을 유지할 수 있다. 하지만 군은 다르다. 선발되지 않으면 바로 탈락으로 여겨진다. 이때의 충격은 이루 말할 수 없다. 때문에 계급정년, 연령정년, 근속정년에 묶여 불만을 가진 채로 군을 떠나게 되는 경우가 종종 있다. 사회생활을 새로운 도전과 성취로 받아들이기보다는 좌절감으로 시작하는 것이다.

하지만 다행히도 모두가 그런 것은 아니다. 능력과 인품이 훌륭함에도 장군으로 진출하지 못해 대령으로 전역한 어느 후배는 이렇게 말했다.

"군에서 몸과 마음을 바쳐 나라에 봉사할 수 있었던 기회를 주신 하나님께 감사합니다. 그리고 저를 성원해준 가족, 친지, 선후배 덕분으로 건강하게 군에서 임무를 완수하고 사회에 나올 수 있었습니다."

결국 그는 무역업에 뛰어들어 큰 성공을 거두었다. 감사할 줄 아는 자가 승리한다는 것은 하늘의 이치임이 자명하다.

자기 영역 확장의 또 다른 무기는 바로 '겸손'이다. 겸손은 봉사와 헌신의 바탕이다. "낮추면 높아진다."라는 말도 있지 않은가. 얼마나 낮출 수 있느냐가 성공의 비법이 된다. 이는 네트워크 구축에도 꼭 필요하다.

한때 모시고 일했던 황창익 행장은 겸손한 태도가 몸에 배어있는 분이었다. 그는 누구에게나 친절하고 겸손하게 대하여 적이 없었고, 동시에 추진력을 겸비하여 성과를 극대화했다. 청주상고를 나와 19세에 한국은행에 입행하고, 외환은행 뉴욕지점장과 동경지점장을 10년 동안 역임하면서 실적으로 신뢰를 얻고 임원이 되었다.

임원이 되어 중요보직을 역임하고 전무이사를 하던 중, 한국투자신탁 사장으로 선임되어 근무하다가, 충북은행장으로 부임하셨다. 이후 BYC 사장으로 있다가 75세에 고문으로 물러날 때까지 57년을 봉직하면서, 가는 곳마다 일 자체를 봉사와 헌신하는 태도로 섬겨 많은 기여를 하신 분이다. 그를 보면서 성공의 길에는 겸손이 중요하다고 느꼈다.

| 당신의 발에 입 맞추고 싶습니다 |

다음은 신문기사 중 일부이다.

> 일본에서 '세일즈의 신'이라는 하라이치 헤이原—平가 69세 때 강연을 했
> 다. 청중 한 사람이 질문을 하였다. 영업을 잘 하는 비결이 무엇이냐고. 하
> 라이치는 주저 없이 양말을 벗고 자신의 발을 만져보라고 권유했다. 발바
> 닥을 만져본 질문자는 "굳은살이 너무 두껍다."며 깜짝 놀랐다. "저는 그
> 저 남보다 많이 걷고 뛰었을 뿐입니다." 하라이치의 답이었다.
>
> —〈중앙일보〉 2006. 9. 4 분수대 中에서

일본의 대표적인 발이 하라이치 헤이의 발이라면 한국의 대표적인
발은 발레리나 강수진의 발이 아닐까 싶다. 강수진의 발 사진을 보는
순간 이게 사람의 발인가 하는 충격에 시선을 떼기 어려웠다. 나뿐만
이 아니었다. 뭉개지거나 갈라진 발톱, 발가락마다 옹이처럼 튀어나
온 뼈, 버섯 모양으로 퍼진 엄지발가락, 기괴하게 일그러진 그 발을
보며 많은 이가 전율을 느꼈다. 기도하고 싶은 심정이 되었다. 세계적
발레리나의 탄생은 결코 우연이 아니었구나…….

그것은 살인적 연습의 반복 때문이었다. 그녀는 하루에 적게는 15
시간, 많게는 19시간을 연습한다고 했다. 남들이 2~3주에 걸쳐 신을
토슈즈 네 켤레가 닳아서 단 하루 만에 갈아신기도 하고, 발에 땀이
차고 물집이 잡히는 건 기본, 사시사철 발톱이 빠지고 살이 짓무르면
서 피가 난다고도 했다. 쉽게 아물지 않는 상처 때문에 고름이 흐르기

일쑤고 토슈즈를 벗을 때엔 생살을 떼는 아픔을 느낀다는데 피와 고름, 살이 슈즈에 한데 엉겨 붙은 까닭이다. 오죽하면 발가락 사이에 쇠고기를 끼워 고통을 줄이려 했을까?

강수진은 아침에 눈을 뜨면 가장 먼저 육체적 통증을 느낀다고 했다. 간혹 아프지 않을 때가 있는데 그러면 '어, 왜 안 아프지? 어제 연습을 게을리 한 건 아닌가?'라는 생각부터 든다는 게 강수진의 고백이다.

이러한 프로정신이 세계적인 발레리나를 만든 것이다.

| 목숨걸고 노력하면 안 되는 게 없다 |

나에게 많은 본보기가 되었던 대우그룹 김규환 명장의 이야기이다.

저는 초등학교도 다녀보지 못했고 5대 독자 외아들에 일가친척 하나 없이 15살에 소년가장이 되었습니다. 기술 하나 없이 25년 전 대우 중공업에 사환으로 들어가 마당 쓸고 물 나르며 사회생활을 시작했습니다. 이런 제가 훈장 두 개, 대통령 표창 네 번, 발명특허대상, 장영실상을 다섯 번 받고 1992년 초정밀 가공 분야 명장名匠으로 추대되었습니다. 어떻게 우리나라에서 상을 제일 많이 받고 명장이 되었는지 말씀드릴까요?

제가 대우에 입사할 때 입사 자격이 고졸 이상 군필자였습니다. 이력서를 제출하려는데 경비원이 막아 실랑이를 하던 중 당시 사장이 우연히 그

광경을 보고 면접을 볼 수 있게 해줬습니다. 그러나 면접에서 떨어지고 사환으로 겨우 입사하게 되었습니다.

사환으로 입사한 후 매일 아침 5시에 출근하였습니다. 하루는 사장님이 왜 그렇게 일찍 오냐고 물으셨습니다. 그래서 선배들에게 도움이 될까하여 미리 나와 기계 워밍업을 한다고 대답했더니 다음날 정식 기능공으로 승진시켜주시더군요.

저는 '목숨 걸고 노력하면 안 되는 일이 없다'는 신조를 지니고 있습니다. 어떻게 일을 배웠느냐면 어느 날 무서운 선배 한 분이 세제로 기계를 다 닦으라고 시키더군요. 그래서 다 뜯고 닦았습니다. 모든 기계를 다 뜯고 가루비누를 물에 풀어 닦았습니다. 기계 2,612개를 모두 뜯어 닦았습니다. 6개월이 지나니까 호칭이 "야, 이 새끼야"에서 "김 군"으로 바뀌었습니다. 서로 기계 좀 봐달라고 부탁했습니다. 실력이 좋아지니 대접도 받고 함부로 대하지도 못 하더군요.

그런데 어느 날 난생 처음 보는 컴퓨터를 뜯어 물로 닦았습니다. 사고친 거죠. 그때 무언가를 알려면 책을 봐야겠다는 생각을 하게 되었습니다. 말했듯이 저희 집 가훈은 '목숨 걸고 노력하면 안 되는 게 없다'입니다. 저는 국가기술자격 학과에서 아홉 번 낙방, 1급 국가기술자격에서 여섯 번 낙방, 2종 보통운전에서 다섯 번 낙방하고 창피해 1종으로 전환하여 다섯 번 만에 합격했습니다. 이런 저를 사람들은 새대가리라고 비웃기도 합니다. 하지만 지금 우리나라에서 1급 자격증 최다 보유자가 누군지 아십니까? 바로 접니다. 새대가리라고 말을 듣던 제가 이렇게 된 비결은 단한 가지입니다.

'목숨 걸고 노력하면 안 되는 게 없다'는 저의 생활신조 때문이죠. 저는 현재 5개 국어를 합니다. 저는 한 번도 학원에 다녀본 적이 없습니다. 제가 외국어를 배운 방법을 말씀드릴까요? 저는 과욕을 부리지 않고 하루에 한 문장씩 천천히 외웠습니다. 하루에 한 문장을 외우려고 집 천장, 벽, 식탁, 화장실 문, 사무실 책상 등 가는 곳마다 붙이고 봤습니다. 이렇게 하루에 한 문장씩 1년, 2년 꾸준히 하니 나중엔 회사에 외국인들이 올 때 설명을 할 수 있게 되더라고요. 진급, 돈 버는 것도 모두 자기 노력에 달려 있습니다.

마음대로 되지 않는 세상을 불평하기보다는 감사하는 마음으로 사십시오. 그러면 부러울 것이 없습니다. 남 잘 되는 것을 보며 배 아파하지 말고 노력하십시오. 의사, 박사, 변호사 다 노력한 사람들입니다. 남모르게 끊임없이 노력했을 것입니다.

저는 하루에 두 번 기도합니다. 아침에 기도하고 정문 앞에서 또 한 번 기도합니다. '나사못 하나를 만들어도 최소한 일본 사람보다 좋은 제품을 만들 수 있도록 도와주십시오.'라고 말입니다.

얼마 전 대표이사께 편지를 보냈습니다. 우리 아이 대학 학자금을 지원해줘 감사의 편지를 쓴 것입니다. 그랬더니 대표가 이상하게 생각하십디다. 혹시 명장이 뭘 더 바라는 게 있어서 그런 줄 알고요.

제가 왜 감사의 편지를 썼는지 궁금하시죠? 저는 이렇게 생각합니다. 우리 회사 여사원이 1년에 쌀 100가마 살 돈을 월급으로 받습니다. 어디서 이런 수입을 얻겠습니까? 농부의 힘든 생활을 생각해보십시오. 게다가 학자금까지 주니, 이런 마음 있으면 회사를 업고 다닙니다.

목숨 걸고 노력하면 안 되는 것이 없습니다. 목숨을 걸고 해보십시오.

내가 하는 분야에 아무도 다가올 수 없을 정도로 정상에 오르면 돈이 문제가 아닙니다. 내가 정상에 가면 길가에 핀 꽃도 다 돈입니다.

김규환 명장, 과연 프로답지 않은가. 프로가 되려면 어떤 자세로 일해야 하는지 깨닫게 해주는 인물이다.

Thank to Network

PART 4

좋은 사람들

경험도 능력도 부족한 사람이 군에서 금융권으로, 금융권에서 IT 기업을 경영할 수 있었던 바탕에는 '사람'이 있었다. 힘들 때마다 새로운 힘을 준 코치와 멘토, 청개구리 발상을 지닌 역동적인 직원들, 그리고 나를 믿고 투자해준 이들이 없었다면 지금의 나는 존재하지 않았을 것이다.

사람이 희망이다

사람만큼 중요한 게 없다.

아무리 인터넷이 발전하고 기계 산업이 발전했어도 결국 모든 것은 사람이 하는 일이다. IT 산업에 몸담고 있으면서 더욱 절실하게 느끼는 부분도 바로 '사람'이다. 사람은 그 자체로 가치의 창조자이다. 사람이 제공하는 솔루션, 경험, 아름다운 꿈, 시스템 실현, 감동을 자아내는 브랜드는 그 자체가 자산이다. 사람이 지닌 재능과 창조성, 상상력 그리고 지적 자본과 모험심만큼 이 세상을 변화시키는 것은 없다.

그런 면에서 한 번쯤 생각해볼 것이 있다. 나의 삶은 세상의 변화에 어떤 영향력을 끼칠까?

늘 세상에는 두 종류의 사람이 있다고 생각해왔다. 바로 변명하는 사람과 묵묵히 자신의 꿈을 성취해내는 사람, 즉 변명형 인간과 결과형 인간이다. 전자는 늘 망설이며 변명거리를 찾는다. 후자는 꿈을 이루어야 할 이유를 찾고 늘 자신을 격려한다.

결과형 인간은 주변 반응에 수동적으로 대응하는 사람이 아니라 창조하는 사람이다. 이들의 재능, 창조성, 지적 자본, 모험심은 세상을 변화시킨다. 인생은 숨 쉬는 것 이상의 가치가 있기 때문이다.

| 좋은 사람을 길러내는 좋은 방법 |

하지만 그 어떤 사람도 처음부터 결과형 인간으로 모습을 갖추지는 못한다. 주변의 적절한 자극과 용기와 격려가 있을 때 빛을 발하게 되는 것이다. 이는 특히 회사를 경영하면서 더욱 절실하게 깨닫고 있는 부분이다. 그래서 늘 머릿속에 염두하고 있는 가치는 '비범한 실패에 상을 주고, 평범한 성공에 벌을 주라!' 는 것이다.

일에 대한 열정이 뛰어난 사람은 어디에서나 환영받지만, 때로는 사고를 쳐서 주변을 당황시킨다. 그러나 사고를 치더라도 일을 벌이는 사람은 조직에 활기를 불어넣기 때문에 적극적으로 지원해야 한다. 그렇지 않다면 '접시 깨지는 게 두려워 설거지 안 하려는' 직원만 득실거리게 된다. 그러므로 열정이 있는 사람, 즉 승부근성이 있는 직원들을 키우려면, 직원들에게 '할 수 있다' 는 자신감을 심어주고 작은 일이라도 적극적으로 칭찬을 해주어야 할 것이다.

실수를 하더라도 작은 성과를 냈다면 칭찬해주고 격려해주는 것이 옳다. 이는 자신감과 함께 더 큰 일을 해보려는 노력으로 이어지기 때문이다. 어떤 조직이든 구성원들의 작은 실수나 실패를 용납하지 않는다면 직원들의 열정을 끌어내기란 쉽지 않다.

그런 면에서 톰 피터스가 말하는 좋은 리더, 좋은 사람들의 가치에 귀 기울일 필요가 있다.

"리더는 항상 틀을 파괴하고 재창조할 수 있어야 합니다. 리더는 만나는 모든 사람에게 열정을 불어넣는 전도사가 되어야 합니다. 훌륭한 리더는 뛰어난 연기자입니다. 미래 경영은 리더가 좌우합니다. 미래를 이끌어갈 리더는 예술가를 연상시킵니다. 멋진 위트를 날리고 이메일로 자신의 꿈을 알리며 가끔씩 직원들을 감동시키는 이벤트를 기획하는 센스도 있어야 합니다. 또한 누구도 생각하지 못한 혁신적인 아이디어로 세상을 깜짝 놀라게 할 책임도 있습니다."

열정을 불태우고 비전을 이루려는 사람에게 중요한 것은 배경이나 학벌이 아니다. 구체적으로 일을 하면서 성취감과 자부심을 느껴본 직원들이 큰 성취를 이룰 확률이 크다. 그렇기 때문에 리더라면 조직원들에게 작은 성공의 기쁨을 많이 또 자주 느껴볼 수 있도록 해야 한다.

그렇다면 조직원들, 직원들 스스로가 자신의 꿈과 비전을 이루려면 어떤 자세를 가져야 할까? 리더들이 아껴주고 사랑해주고 싶은 사람은 어떤 사람일까?

사실 작은 기업이긴 하지만 창업하고 경영해오면서 좋은 사람들, 좋은 임직원들에 대해 생각하는 시간이 많아졌다. 나는 인적 네트워크를 잘 갖추고 회사에 기여하는 사람, 역동적인 자세로 조직에 활력을 불어넣는 인재를 소중하게 생각한다. 훌륭한 인재들의 특징은 보수보다는 자신이 하고 있는 일, 하고 싶은 일에 대한 열정이 있다는 데 있다. 진짜 인재는 최고를 향한 열망이 높은 사람이다.

그러나 인재의 열정은 단순히 활력 넘치고 에너지가 많아 보이는 모습에서 비롯되는 것은 아니다. 열정의 근원은 자기에게 주어진 일에 대한 소명의식과 자부심을 갖는 데서 비로소 힘을 얻는다.

이런 의미에서 경영자는 직원들을 세 가지 유형으로 분류하게 된다. 첫 번째는 회사에 꼭 필요한 사람이다. 이런 사람을 '프로'라고 부르는데 회사에 많은 이익을 창출해주는 유능한 인재이다. 두 번째는 있어도 좋고 없어도 좋은 사람이다. 내 나름대로 '아마추어'라고 분류한다. 하지만 이러한 사람도 필요하다.

마지막으로 회사에 없는 것이 더 나은 사람이 있다. 회사 입장에서 보면 그만두는 편이 더 좋은 사람들인데 이런 사람들은 오히려 회사를 그만두려 하지 않는다.

현재 자신은 어느 쪽에 속할까?

없는 것이 더 좋은 사람의 공통적인 특징은 자신이 회사에 크게 필요하다고 생각하고 열심히만 일하는 스타일이다. 이런 사람들은 '얼마나 성과를 내느냐.'라는 개념보다는 '최선을 다하고 있다.'라는 생각만 앞선다. 하지만 최선을 다하여도 성과를 내지 못하고 있다면 이중의 손해를 끼치고 있는 것은 아닐까? 다른 사람이 그 자리에 있다면 성과를 낼 수 있을 텐데 자리만 지키고 앉아 가로막고 있으니 말이다.

반면 꼭 있어야 할 사람의 특징은 회사와 자신을 위해 많은 성과를 내면서도 '아직도 나는 부족해'라는 태도를 보이는 경우가 더 많다. 그런 태도를 갖고 있기에 더욱 발전할 수 있는 것이며 계속해서 좋은 평가를 받게 되는 것이다. 회사에 이익을 가져다주는 일은 영업 분야에서만 이루어지는 것이 아니다. 관리를 잘하여 이익을 창출하는 사례도 많이 볼 수 있지 않은가.

그리고 마지막으로 꼭 있어야 할 사람, 즉 프로가 되기 위한 첫 번째 조건은 '감사의 마음' 이다. 혹자는 '열정' 을 앞세울지 모르지만 그 열정을 불태우기 위해서는 우선 현재의 환경에 감사할 줄 알아야 한다. 예를 들어 현재의 직장에 만족하면 그것대로 감사할 일이고, 불만이 있다면 그것 또한 감사할 일이다. 왜냐하면 더 큰 곳을 향해 나아갈 '꿈과 오기' 를 심어주기 때문이다. 그것이 삶의 열정을 배가시키는 가장 빠른 길이다.

| 역동적인 에너지는 전염된다 |

지난 2006년 'CEO를 위한 몸과 영혼의 에너지 발전소' 라는 2박 3일 프로그램에 참여한 일이 있었다. 한양대 유영만 교수가 주관하여 진행한 프로그램이었는데 완전히 매료되었다. 우선 유영만 교수가 내뿜는 역동적인 에너지 리더십이 참여한 모두를 열정으로 이끌었다.

이 프로그램은 기업의 경영자를 유쾌한 감성 CEO로 탈바꿈시켜 조직에 기분 좋은 에너지를 샘솟게 하는 방법을 습득하게 하는 과정이다.

여기서 말한 감성의 CEO란 세가지 부분이 개발된 리더이다. 첫째로 영적에너지를 체득하여 영혼이 나아갈 방향을 설정하는 영감의

CEO, 두번째는 상쾌한 신체에너지를 전해주는 활력의 CEO, 마지막으로 고도의 집중력을 발휘하는 전략의 CEO로 스스로를 발전시켜나가는 리더를 말한다.

이러한 과정을 일러주는 유 교수의 과정은 발상이나 용어 자체가 에너지를 샘솟게 했다. 쾌면Sleeping, 쾌식Nutrition, 쾌동Fitness이나 미소 나누기와 같은 생활에너지 개발에 대한 그의 프로그램은 그 자체로도 매우 역동적이었다.

그러한 유영만 교수의 강의를 들으면서 '저러한 역동적인 에너지는 도대체 어디에서 나오는 걸까.' 라는 의구심이 들었고 사뭇 그의 배경이 궁금했다. 들어보니 그의 인생 경로는 무척이나 감동적이었다.

충북 음성의 작은 마을에서 태어난 그는 어려운 형편으로 초등학교도 제대로 마칠 수 없었다. 중학교 진학도 못하고 있다가 친지들의 도움으로 30리 떨어진 증평중학교에 어렵게 진학하여 자전거로 통학했다.

고등학교는 학비를 내지 않아도 되는 수도전기공고에 입학하였다. 당시 이곳은 지방의 인재들이 많이 모여들던 곳이었다. 이후 기숙사의 말썽꾸러기로 미움과 사랑을 한몸에 받으며 생활했고 고등학교 졸업 후에는 한전에 취업했다.

그러나 자기발전에 대한 욕구에 '미친 듯이' 대학입시를 준비하였고, 한양대에 장학생으로 입학하게 된다. 이후 조교일을 하며 대학생활을 하던 중 영어공부에 푹 빠져 학습의 즐거움을 터득하고 결국은 미국 유학을 결심한다. 그리고는 2년 만에 박사 학위를 취득하고 삼성전자에 입사, 주목받는 연구원으로 자리 잡는다.

그러나 여기에 만족하지 않고 지속적으로 노력하여 한양대 교수가 되었고, 현재 교육공학 분야에서 열정을 받치고 있다.

아마도 사람이 사람을 변화시킨다는 것은 이런 것이 아닐까 싶다. 유 교수의 이야기는 듣는 사람까지 에너지 넘치게 하는 감동의 현장이었다.

어느 분야에서든 '역동적인 사람'은 그 자체만으로도 항상 관심의 대상이 되어 큰 영향력을 발휘하게 된다. 그리고 그들의 역동성은 주변을 밝게 변화시키는 힘과 에너지의 원천이 된다.

| 경영마인드를 지닌 핵심인재 |

이제는 인재전쟁의 시대다. 각 기업체마다 핵심인재를 키우고, 외부인재를 영입하는 데 사활을 걸고 있다. 잘 나가던 회사가 몰락하는 이유 중의 하나도 인재유출 때문이다. 철썩 같이 믿었던 부하직원이 경쟁사로 빠져나가면 사장은 기둥 하나가 무너진 듯 마음이 허탈해진다. "세상에 믿을 사람 하나 없다."라는 한탄이 절로 나온다. 하지만 냉정하게 판단해보면 다 떠날만하니까 떠나는 것이다. 한편으로는 그런 사람을 믿은 자신의 책임도 면할 순 없다.

신뢰할 만하고 프로정신을 가진 유능한 인재가 많은 기업은 성장·발전해나갈 수 있지만 그렇지 않은 기업은 치열한 경쟁 속에서 살아남기가 어려운 것이 지금의 현실이다. 그만큼 기업에 있어 인재는 중요하다. 유능한 인재 10%만 있으면 그 기업은 가능성을 가지고 잘 해 나갈 수 있다. 과거에는 재무 분야에 더 큰 비중을 두었지만 최근에는 인사 분야에 더 큰 비중을 두는 것도 그만큼 인재가 중요한 시대가 되 었다는 것을 말해준다.

그렇다면 어떻게 해야 사람들로 하여금 좋은 인재라는 평가를 받을 수 있을까?

단순히 배경이나 학벌이 좋다고 좋은 인재가 되는 것은 아니다. 오 히려 우리 회사의 경우 회사에 많은 기여를 한 사람 중에는 학력과 배 경이 좋지 않은 사람들이 더 많았다.

핵심인재가 되려면 기본적으로 쉼 없이 갈고 닦아야 한다. 계속 공 부해야 한다. 그 다음으로 중요한 것은 사람의 마음을 움직일 줄 알아 야 한다.

이는 생존을 넘어 가치 있는 인생을 가꾸기 위해서도 필요한 일이 다. 마음을 움직이는 자는 세상에 못할 일이 없다. 하지만 남의 마음 을 움직이려면 남에게 끌리는 매력 있는 사람이 되어야 한다.

"끌리는 사람이 되려면 허점이 있어야 한다."는 이론이 있다. 이 이 론에 의하면 허점이나 실수는 대인매력을 증진시키며, 사람들은 멋진 사람이 빈틈을 보일 때 열광한다고 한다. 일리 있는 말이다. 결점을 드러내는 사람을 보면 "참 진솔한 사람이구나."라는 생각을 하게 되 니 말이다. 이런 사람 앞에서는 당연히 경계심을 늦추고 마음의 문을 열게 된다.

말도 그렇다. 너무 번지르르한 것보다는 약간 더듬는 것이 오히려 유리할 때도 있다. 토크 쇼에서 저명인사나 스타들이 자신의 실수담을 털어놓을 때 시청자들이 좋아하는 이유도 바로 이 때문이다.

그러나 무엇보다 사람의 마음을 얻기 위해서는 상대방이 필요로 하는 것을 내어주고, 자신을 지극하게 낮추는 태도이다. 늘 감사하는 마음으로 말이다.

사람의 마음을 움직이는 능력을 연마하는 것과 함께 핵심인재의 두 번째 조건은 바로 경영마인드이다. 경영마인드가 있는 직원은 회사의 수익구조를 먼저 생각한다. 최소의 비용으로 최대의 효과를 추구하는 효율성 개념을 가지고 있느냐 하는 것인데, "내가 하는 일이 회사에 어떤 도움이 될까?"라는 의문을 가지고 수익구조와 효율성을 따지며 일을 해나가는 것이다. 이는 결국 사장의 입장에서 보라는 말이다. 무슨 일이든 입장을 바꿔 생각해보는 것은 매우 중요하다.

"어떤 경우이던 상대방 입장에서 생각해보라. 영업을 하러 나가면 상대방의 회사나 가정에 대해서 이해하고 그 입장에서 먼저 생각해보라. 구매자 입장에서 생각해보면 좋은 영업 아이디어가 떠오른다. 또 어떤 일을 하기 전에 '내가 사장이라면 어떻게 하겠는가?'를 먼저 생각해보라. 사장 입장에서 한 번만 생각해보면 어떻게 하는 것이 회사 경영에 도움이 되는지, 어떻게 해야 회사 수익을 창출할 수 있는지 알 수 있다."

특히 과장급 이상의 직원들에게는 사장 입장에서 생각해보라는 주문을 자주 한다. 그런데 사장 입장에서 생각해보라니까 "우리 회사는 이것도 문제이고, 저것도 문제야!" 하면서 문제점들만 파헤치고 들추는 직원이 있었다. "그렇다면 어떻게 해야 그 문제점을 해결할 수 있겠느냐?"고 물어봤다. 아무런 대답도 하지 못했다.

문제점을 찾아내고 비판할 수 있는 능력을 가지고 있다는 것은 분명 장점이다. 하지만 중요한 것은 대안이다. 대안 없는 문제점 지적은 부정적인 피드백만 가져올 뿐이다. 문제점이 보인다면 해결책에 대한 제안도 할 수 있어야 한다.

그래서 경영마인드가 중요한 것이다.

'회사가 힘들든 말든 나는 월급만 받아 가면 된다.' 라는 사고방식을 가진 직원들이 있는 기업은 그 어떤 미래도 만들어 갈 수 없다.

| 청개구리 정신 |

기업경영을 하면서 세 가지 형태로 직원을 채용해왔다.

첫 번째는 추천이다. 초창기에는 친척이나 친지의 추천을 받아 많은 직원을 채용했는데 작은 규모의 가족적인 분위기여서 적응이 잘 되었다. 두 번째는 회사 규모가 커지면서 잡코리아 등에 공고를 내 공개채용을 했다. 이 방법은 조건에 따라 만족도가 달랐다. 세 번째는 헤드헌터나 잘 아는 지인을 통해 채용을 했다.

이렇듯 수백 명의 사람들을 면접하고 채용하는 과정에서 느낀점은 채용 경로가 어떻든 대부분이 높은 연봉을 요구한다는 것이었다. 하지만 문제는 이들이 제시한 몸값에 그다지 큰 신뢰가 가지 않는다는 점이다. 때문에 입사지원자들과 연봉협상을 벌이며 지니게 된 결론은

두 가지이다.

그 첫번째는 높은 연봉에 집착하는 사람은 거의 대부분 실력도 없고 회사에 기여도 못한다는 사실이고, 두번째는 "제가 6개월이나 1년 동안 일하는 것을 지켜봐주시고 그 결과를 가지고 평가해주십시오."라고 자신 있게 말한 사람은 대부분 실력이 있고 회사에 큰 기여를 한다는 것이다.

헤드헌터를 통해 실력 있는 사람이라는 이야기를 듣고 높은 연봉에 영입한 직원은 거의 성과를 내지 못했다. 반면 큰 기대 없이 채용한 사람 대부분은 회사에 기여를 함은 물론 없어서는 안 될 필수 요원이 되었다.

나의 경우 전역하고 은행에 취직했을 때나 보험회사로 이직하면서 연봉을 책정할 때 늘 이렇게 말했다.

"제 연봉은 지금 저와 비슷한 여건에 있는 사람에 비해 적어도 좋습니다. 1년 후 다시 평가해주십시오."

그리고 1년 후 능력과 실력을 인정받아 연봉을 올렸다. 그런데 요즘 사람들은 지나치게 연봉만 따지는 것 같아 안타깝다.

지금 당장 연봉이 적고 근무여건이 나쁘더라도 열심히 일해 회사에 기여하면 언젠가는 좋은 대우를 받을 수 있다. 하지만 연봉을 높이려고 여기저기 옮겨다니는 사람은 결국 나중에는 실직 상태가 될 수도 있다. 어느 기업이나 어려울 때는 연봉이 높은 사람부터 구조조정을 하기 때문이다.

이것이 직장을 옮기거나 새로운 분야로 진출할 때 현재 자신의 연봉보다 조금 낮게 책정하라고 조언해주고 싶은 이유이다. 거기서 자신의 능력을 펼친 후에 다시 평가받는 것이 더 큰 성취를 이룰 수 있는 길이다.

직원을 채용을 하면서 느낀 또 다른 점은 얌전하고 성실해 보이는 '범생이' 스타일보다는 튀는 '모난돌' 스타일이 좋았다는 것이다.

인재를 채용할 때 대부분 기업은 얌전하고 성실해 보이는 사람을 원하지만, 내 경우 사고 칠 것 같고 일을 저지를 것 같은 사람이 더 좋았던 경우가 많았다. 소심한 성실파 스타일들은 힘들고 궂은일에는 앞장서지 않는다. 대개 몸을 사린다. 하지만 모난돌 스타일의 직원들은 중요한 일이나 책임져야 할 일이 생길 때에 과감하게 앞장서서 일을 처리해냈다. 그래서 나는 "평범한 사람보다는 모난 사람이 되어라." 라고 강조하곤 한다.

톰 피터스 또한 창조적 인재의 중요성을 설파하지 않았는가. 톰 피터스가 전하는 메시지는 다음과 같다.

"변화를 가로막는 관료주의를 극복하려면 조직이 먼저 창의적인 사람들을 보호해주어야 한다. 즉 열정이 넘치는 괴짜 직원을 보호해야만 변화를 추구할 수 있다. 혁신을 추진하는 데 실패가 없을 수는 없다. 따라서 실패를 장려해야 한다. 누군가 미쳐 보일 정도로 새로운 것을 시도하다 실패했다면 오히려 상을 줘야 한다. 역동적인 변화를 추구하는 기업에 미래가 있기 때문이다."

이제는 얌전하고 성실해 보이는 범생이 스타일보다는 역발상을 할 수 있는 청개구리 정신을 가진 모난돌이 필요한 시대이다. 강하고 경쟁력 있는 기업이 사라지는 이유는 성공신화에 빠져 변화를 거부했기 때문이다.

'성공한 사람들은 운이 좋아서 성공했을 거야.' 라고 생각하는 사람들이 의외로 많지만 내가 아는 성공한 사람들은 운이 좋았다기보다는 일에 미쳤다는 말을 들을 정도로 역동적이고 열정적으로 일한 사람들이 대부분이다. 청개구리의 발상도 결국 일에 미치지 않으면 가능하지 않다. 이런 사람들이 결국 행운을 붙잡기 마련이다. 뜻밖에 행운이 찾아왔다고 해도 준비가 되어 있지 않으면 행운을 잡을 수 없기 때문이다. 그런 이유로 역동적인 생각을 하는 사람이 필요한 것이다.

현재 이 시대가 원하는 사람은 감사와 겸손을 아는 사람, 그리고 역동적인 생각을 하는 사람임을 명심해야 한다.

삶의 나침반이 되는 코치와 멘토

우리는 에베레스트 정상을 정복한 영웅을 보며 환호한다. 그러나 그들의 뒤에는 셰르파(Sherpa, 산악가이드)라는 코치가 있고, 그의 도움이 있었기에 정복이 가능했다는 사실은 잘 모른다. 타이거우즈는 세계 정상의 골퍼이지만 개인코치를 두고 수시로 연습하고 지도를 받기 때문에 정상을 유지할 수 있었다. 나처럼 아무것도 모르는 기업인에게도 코치는 큰 스승이자 중요한 고비에서의 길잡이이다.

| 두분의 경영 코치 |

창업을 앞두고 공부해야 한다는 절박한 마음에 서강대 최고경영자 과정에 들어간 적이 있었다. 보람을 느낀 좋은 경험이었다. 그 이후로도 명문대 최고경영자 과정을 여러 곳 다녔지만 서강대 교육내용이 가장 인상에 남는다.

그때 지도교수가 현재 서강대 부총장을 맡고 있는 최운열 박사이다. 최운열 박사는 부총장 외에 경영학 교수이자 공인회계사이고 증권연구원장과 초창기의 코스닥위원장으로 자본시장을 활성화시킨 분이다. 또한 금융통화위원 등을 역임하면서 해박한 지식과 경륜을 이룬 분이다.

마음이 답답하고 어려울 때는 그분을 만나기만 해도 기분이 좋다. 경영이나 자본, 의사결정이 요구되는 중요한 문제를 상의하면 어려운 문제도 가볍게 풀리곤 한다. 문제를 쉽게 이해하고 처리하는 독특한 기법이 있지 않나 생각할 정도다.

한번은 회사 이익의 감소로 기업공개IPO가 늦어지게 되어 번민을 하던 중 의논을 하고자 찾아갔다.

"주주들께 면목이 없게 되었어요. 낮게라도 상장하는 게 좋을까요, 아니면 더 좋은 조건을 기다려서 하는 게 좋을까요?"

"회사의 경영은 상장이 목표가 아닙니다. 강하고 미래가치가 있는 회사를 만드는 일이 더 중요합니다."

"존경하고 좋아하는 주주들인데 기대에 부응을 못하여 면목이 없습니다."

당시 대부분의 소액주주들이 퇴직하여 쉬고 있는 분들이라서 "언제쯤 해외여행갈 수 있나?" 하며 기다리고 있는 상황이었다. 너무나 미안하고 괴로웠다.

"주주들을 위한다면 더더욱 이익창출과 영속기업으로의 수익모델을 개발하고 키워나가는 것이 경영진의 과제입니다."

그분에게 이러한 조언을 받으며 기업경영에 관한 안목을 넓힐 수 있었다. 이처럼 최운열 박사에게 많은 도움을 받지만 사실 나도 가끔은 조언을 하기도 한다.

"최 박사님의 지식과 경륜은 개인 소유가 아닙니다. 우리 사회, 국가의 자산이므로 언젠가 나라를 위하여 헌신하셔야 합니다. 대학에서 후학들을 가르치는 것도 중요하지만 기회가 있으면 나서서 남덕우 교수(前 국무총리)와 같은 분이 되어주세요."

진심으로 우리의 미래를 생기롭게 하는 데 더 큰 기여를 해주시기를 바란다.

최운열 박사가 찾아가서 조언을 받는 코치라면, 유승렬 벤처솔루션스 사장(前 SK사장)은 직접 회사에 와서 코칭을 해주는 코치이다. 나뿐만 아니라 임원들에 대한 코칭도 일정을 잡아서 개인적인 상담과 함께 토의를 병행한다.

당면한 경영상의 여러 문제를 시간을 가지고 토의하고 최선의 방책을 도출하는 형식이다. 임원들도 당면한 모든 과제를 털어놓고 다방면의 접근을 통하여 충분한 경영지도와 조언을 받는다. 유승렬 사장과의 인연은 소개로 이루어졌다.

창업하고 얼마 되지 않았을 때 경영지식도 부족했지만 인적 네트워크도 필요하여 김효석 박사(前 정보통신정책연구원장 · 중앙대경영대교수)에게 부탁을 한 적이 있었다.

"젊고 발랄하고 경영감각이 탁월하신 분 어디 없을까요?"

"그런 분이 왜 필요하세요?"

"직업군인 출신이 기업경영을 하려니 가끔 지도를 해줄 수 있는 사람이 있으면 좋겠다는 생각이 들어서요."

그때 김효석 박사가 유승렬 사장을 만나게 해주었다. 내 바람대로 밝고 유연해 보이는 분이었다.

당시 유승렬 사장은 SK사장으로 재직 중이라 무척 바쁜 일정이어서 코칭은 못 받고 가끔 만나거나 운동하는 정도로만 알고 지냈다. 그러던 중 그가 SK에서 퇴직하여 유망 벤처를 찾아 지원하는 벤처솔루션스라는 회사를 설립하였다는 사실을 알게 되었다. 아울러 '프리시이오Free CEO'라는 경영컨설팅 회사를 김영태 회장, 김택호 회장을 비롯한 IT 개척자들과 공동으로 운영하여 중소기업을 지원하고 있다는 것을 알았다. 덕택에 나와 임원들은 필요한 도움을 받게 되는 행운을 누렸다.

얼마 전에는 '전략적 판매'라는 프로그램을 가지고 팀장 이상의 임원을 대상으로 영업에 관한 워크숍을 진행해주었다. 참여한 모두 좋은 공부를 하였다며 매우 만족해 했다. 업무수행 능력을 한 단계 도약시킨 계기였다.

유승렬 사장은 참으로 보람 있는 일을 하고 있는 것이다. 경영능력이 부족한 경영자들을 코칭하는 일은 아무나 할 수 있는 일이 아니기 때문이다. 대기업에서 연마한 경영기법을 작은 회사에 가르쳐주고 방향을 제시하는 일은 우리 사회와 기업을 밝게 해주는 소중한 일이다.

기업인뿐 아니라 누구나 어떻게 살아야 할지 조언해줄 코치가 필요하다. 중요한 순간마다 방향을 제시해주는 길잡이가 있느냐 없느냐는 삶의 질을 가늠하는 척도라 해도 과장이 아니다.

나 역시 코치와 멘토를 통하여 업무 효율을 높일 수 있었기에 코치와 멘토 제도를 사내에 확장하고 있다. 직원이 들어오면 먼저 들어온 선배가 멘토 역할을 해서 서로 즐겁게 일할 수 있도록 하는 것이다.

| 내 인생을 이끌어준 4명의 멘토 |

나의 아내 박성희는 30년 동안 같이 살면서 어려운 시기마다 성원을 아끼지 않은 엔젤이요, 동지요, 제1의 멘토였다.

현실을 극복하는 힘이 어디에서 나오냐고 묻기라도 할라치면 아내는 쉽고 명쾌하게 답변을 한다.

"모든 힘은 하나님이 주세요."

우리는 다만 최선을 다하고 그 성패 여부는 하나님이 결정하신다는 것인데, 잘 되면 하나님이 해주신 것이고 안 되어도 하나님 뜻으로 받아들이면 항상 겸손하게 다시 재기할 수 있다고 믿는, 아름다운 마음을 지닌 사람이었다.

하지만 그녀는 10년전, 1997년 6월 하늘나라로 갔다. 폐선암이었다. 교회의 권사로, 여전도회장으로 너무도 하나님을 경외하며 봉사와 전도에 혼신의 노력을 해온 사람에게 주어진 죽음은 도저히 승복하기 힘든 것이었다.

경제적으로 어려워 생존의 기로에 있을 때에도 꼭 십일조를 실천하고, 식사를 짓게 되면 꼭 1인분의 양식을 어려운 사람에게 주기 위한

성미誠米로 먼저 떼어놓고 밥을 짓는 사람이었다. 어떤 어려운 일이라도 하나님 뜻으로 받아들이는 심성을 지닌 그녀의 죽음 앞에서 "하나님은 어떤 분입니까?" 하며 절규했었다.

'하나님 기뻐하시는 일을 하자'는 게 아내와 나의 약속이었는데 실천도 못하고 먼저 간 것이다.

그녀는 성경말씀 중에서 고린도전서 13장을 너무나 좋아했었다. '사랑은 언제나 오래 참고 사랑은 언제나 온유하며 사랑은 시기하지 않으며 자랑도 교만도 아니하며……'

이 구절 그대로를 실천하고 간 사람이 바로 그녀이다.

군에 있을 때도 "군을 사랑할 때까지만 군에 봉사한다. 사랑이 식으면 군을 떠난다. 생존을 위하여, 즉 먹고살려고 군 생활을 하지는 않겠다."고 말할 때면 그녀는 전폭적인 지지와 성원을 보내주었다.

그래서 5.18 상황에서 광주 지역 담당 연대장으로 재직한 후 군에 대한 사랑이 식어간다고 여겨졌을 때 전역 지원을 할 수 있었던 것이다. 대령 진급은 안 되었지만 정년이 3년 넘게 남아있었기 때문에 그대로 계속 근무한다면 다시 진급할 기회가 있는 여건이었다. '아이들을 위하여 꾹 참고 정년까지 있으면서 전역 준비를 하느냐, 바로 전역하느냐' 하는 많은 생각 끝에 전역상신을 하고 퇴근하였다.

아내와 사전에 상의할 수는 없었다. 상의하면 아내와 어린 아이들 때문에 결심이 흔들릴 것 같았기 때문이다. 13평 군인 아파트로 돌아와 연탄을 갈고 방으로 들어와서는 아내에게 "오늘 전역상신했어." 짧게 한마디한 것이 끝이었다. 그러고는 《불모지대》라는 책을 읽었다. 만감이 밀려왔다.

"하나님이 더 좋은 다른 기회를 만들어주실 거예요."

그녀는 나보다 더 자신 있어 했다. 그리고 기도로 새로운 출발을 격려해주었고 그것은 나에게 큰 힘이 되었다.

창업 당시에도 회사 대표를 맡아 헌신적으로 일하고 기틀을 이루는 데 기여한 그녀에게 항상 허전한 마음을 간직하고 있다. 아내는 위기의 때마다 따뜻한 격려로 힘이 되어준 내 소중한 멘토다.

나의 두번째 멘토는 임동원 대령으로 유연성과 합리적 사고를 일러주었다.

1사단에 가기로 된 계획이 취소되는 우여곡절을 거쳐 중서부 전선의 28사단 81연대 보병대대장으로 갔을 때 연대장이 임동원 대령이었다. 외유내강형으로 '저 분을 닮고 싶다'는 마음이 들게 한 분이다. 작은 키에 온화한 미소로 학자 같은 스타일이었지만 임무 분석과 업무 추진에서는 핵심을 꿰뚫는 탁월한 지휘관이었다.

육군대학에서 수학할 때 임동원 소령이 저술한 《공산혁명과 대공전략》이라는 책으로 공부한 적이 있는데 당시 그 책은 승공이론을 정리한 유일한 반공교과서였다. 그는 합동참모본부에서 군비증강 사업을 담당하여 전략 분야의 실력 있는 군인으로 주목받고 있었다. 야전에서 만나 13개월을 휘하에 근무하면서 내가 지니지 못한 많은 강점을 가진 그를 보며 사숙한 일도 많았다.

임동원 대령의 리더십 특성은 우선 화를 내지 않는 데 있다. 한 번도 화내는 것을 보지 못했다. 그러면서도 부하들로부터 경외심과 신뢰를 이끌어내어 지휘지침에 절대 복종하게 하는 태도를 가지게 하였고 모두가 열성을 다 바쳐 근무하게 하였다.

그는 어떤 과제를 처리하거나 임무를 수행할 때 가장 합리적인 방법을 선택하고 능률을 중시하였다. 당시 특정 지역이나 출신을 선호하는 상사가 많은 시절이었으나 그는 지연이나 학연보다는 능력 위주의 인사를 하였다. 지휘와 평가를 공평무사하게 하여 누구나 믿음을 갖게 하였고 누구나 최선을 다하게 만들었다.

그리고 '권한은 부하에게, 책임은 나에게'라는 통솔원칙을 견지하였다. 예하지휘관과 참모에게 재량권을 최대한 부여하여 개개인이 아닌 조직이 일을 하도록 지휘함으로써 최전방 철책선 근무를 성공적으로 마칠 수 있도록 한 것이다.

당시에는 사고가 나면 엄중 문책이 우선이고, 잘못된 결과는 부하에게 책임을 떠넘기며, 잘된 일은 자기가 생색을 내는 경우가 많았던 시절이었다. 하지만 임동원 대령은 철저한 원인 분석부터 했다. 또 모든 잘못은 자신에게 있다는 자세로 부대를 더욱 단결시키고 전력을 향상시켰다. 예하 부대의 우발적인 사고에 대한 문책 상황을 자신의 책임으로 받아들임으로써 부하들이 군을 위하여 더 헌신할 수 있도록 기회를 만들어주었다.

그를 통해 경직된 군 문화에서도 유연성이 더 힘을 발휘하고, 큰 힘에 의지하는 것보다 작은 힘들을 결집시키는 노력에 따라 더 많은 목표를 달성할 수 있다는 순리를 배울 수 있었다.

세 번째, 이강환 전무는 나에게 열정을 갖게 한 멘토였다.

은행에서 보험회사로 전직했을 때 가장 먼저 한 일은 '누가 보험업계에서 가장 뛰어난 법인영업 전문가인가?'를 알아보는 일이었다. 보험에 문외한이었던 내게 스승이 될 만한 대상이 필요했기 때문이다. 사람들이 이구동성으로 교보생명 이강환 전무를 지목하였다. 그가 보험영업에 미친 프로라는 것이다. 그를 만나기 위해 박태영 이사를 찾아갔다.

"어떻게 해야 이강환 전무처럼 될 수 있을까요?"

박 이사는 이강환 전무를 가리켜 마당발이며, 고객에게 충심으로 최선을 다하고, 부단한 교육으로 임직원들을 실력과 용기를 갖춘 일당백의 전사로 만들어 영업전쟁에 나가게 하는 사람이라고 했다.

그는 '전쟁'이라는 용어를 군이 아닌 분야에서 사용하고 있었다. 보험영업 또한 가용한 자원을 효율적으로 활용하여 목표를 달성하는 것이기 때문이라고 했다.

또한 이강환 전무의 특징은 '자기 혼자만 잘하는 것이 아니라 조직의 모든 구성원이 잘하도록 이끌어간다'는 것이었다. 이에 대해 박태영 이사는 이렇게 극찬했다.

"이강환 전무의 강점은 상사의 신임과 부하의 신뢰를 모두 받고 있다는 점이지요. 그는 네트워킹이 좋아요. 한번 맺은 인연은 언제나 소중하게 가꾸는 장점이 있습니다."

알고 보니 그는 독특한 이력이 있는 사람이었다. 서울법대를 나와 몇 번 고시에 낙방한 후 법원사무직 9급 공무원으로 근무하다가 최초로 보험회사 경력직 공모에 응시하여 그후 40년 동안 전문 보험인으

로 일하여 성공하였는데, 그 당시 아무도 관심을 두지 않았던 보험영
업을 유망한 분야로 본 시각은 본받을 만했다. 그가 온갖 열정을 다
쏟아 자기 영역을 성취하였다는 사실은 신출내기 보험인으로 새 출발
하는 나에게 '나도 할 수 있다'는 용기를 갖게 하였다. 당시 그가 한
말이 그러한 용기를 더욱 북돋우었다.

"창업주이신 신용호 회장님(교보생명보험)의 신뢰가 오늘의 나를 있
게 했지요. 눈빛만 봐도 어떤 생각을 가지고 계신지 알 수 있었어요.
영업은 부지런하고 정직하며 정성을 다하면 누구나 성공합니다. 특히
보험영업은 종이 주고 돈을 받아오는 인지人紙 사업이므로 근면과 성
실이 더욱 중요합니다."

그의 말은 상사와 고객에 대한 태도를 명료하게 제시해주었다.

군인 출신으로 조직관리를 배우고 은행에서 근무한 경력까지 있었
기에 '내가 못할 리 없다'는 자신감도 생겼고 '이강환 전무님에게 멋
지게 시범을 보이겠다'는 오기도 생겼다.

그를 보험인으로서의 역할 모델로 정하고 보험영업 분야에서 '이
강환 전무 이상의 인정을 받겠다'는 다짐을 하고 뛰어들었지만, 창업
으로 초심을 이루지 못했다. 그러나 40년 이상 일관되게 성취하여 전
문경영인의 모델이 된 그를 멘토로 생각한 자체는 기업을 창업하여
경영해오는 동안 많은 도움이 되었다고 본다.

내 인생에 이 세 명의 멘토가 없었다면 지금쯤 내 삶은 어떻게 되었
을까? 두고두고 세 분에 대한 고마움을 간직하며 살아갈 것이다.

| 멘토를 벤치마킹하라 |

마지막으로 네 번째 멘토인 참존의 김광석 회장은 사업을 운영하는 데 가장 큰 영향을 준 멘토였다. 내가 사업에 눈을 뜬 계기는 김 회장의 청개구리 전략을 벤치마킹하면서부터다.

본격적으로 조은시스템 영업을 시작할 무렵 우리나라에는 규모가 큰 보안전문 회사가 10여 개 정도 있었다. 그중 일본, 미국 등과 손잡은 외국계 보안전문 회사들은 어느 정도 성장을 하고 있는 상태였다. 뒤늦게 보안사업에 발을 들여놓았기 때문에 선두업체인 외국계 회사 세콤이나 캡스를 따라만 해서는 안 된다고 생각했다. 잘 되는 보안경비 업체도 있었지만 고전을 면치 못하는 보안경비 업체도 많았기 때문에 무작정 선발업체를 모방해서는 성공할 수 없다는 생각이 들었다.

'어떻게 해야 멋있고 반듯한 회사로 성장시킬 수 있나?' 하는 과제가 있었기에 '잘 하려면 어떤 네트워크를 구성해야 하나?' 하는 번민을 하지 않을 수 없었다. 아울러 '늦게 출발한 조은시스템이 경쟁이 치열한 보안경비 업계에서 살아남으려면 우선적으로 해야 할 일이 무엇인가?' 하는 고민에 빠졌다.

때마침 의미 있는 만남이 이루어졌다. 참존의 김광석 회장과의 만남이었다. 나는 회사를 막 창업하던 무렵이었고 그는 화장품 회사를 창업하여 7년차의 중견회사로 성장시키고 있었다. 대부분 화장품 회사는 연예인을 주로 모델로 쓰는데 참존은 청개구리를 광고에 이용하고 샘플 중심의 영업으로 차별화를 꾀하고 있었다.

피부병 전문 약사 출신인 김광석 회장은 뒤늦게 화장품 업계에 진출했지만 품질로 경쟁하겠다는 발상으로 '화장품 광고에는 미인이 등장해야 한다' 는 기존 고정관념을 깨고 회사 캐릭터인 청개구리를 내세우는 광고 전략을 썼던 것이다. 이것이 적중하여 기초화장품 부분에서 센세이션을 일으키며 성공의 길을 걷게 되었다.

청개구리 전략으로 성공한 참존화장품의 돌풍을 보면서 틈새시장을 찾아 질 좋은 서비스로 승부한다면 늦게 출발한 조은시스템도 충분히 성장할 가능성이 있다고 믿게 되었다. 또한 참존화장품처럼 작지만 강한 회사, 고객을 최우선으로 하는 회사를 만들어야겠다는 다짐도 했다. 그래서 창업 이후 김광석 회장을 멘토로 삼고 참존화장품을 벤치마킹해나갔다.

그 결과 틈새시장을 개척하는 데 도움이 되었고 작고 강한 회사를 만든다는 목표에도 한발 한발 다가설 수 있었다. 또 다른 축복은 그를 통하여 하나님을 경외하는 경영관을 가질 수 있었다는 점이다.

김광석 회장은 역경을 극복하고 성공한 입지전적인 사람이다. 그리고 다시(多施, 베품)의 삶을 보여준 보기드문 사람이었다. 아낌없는 봉사와 헌금, 소외된 이웃에 대한 보살핌이 잔잔한 감동을 주어 기회 있을 때마다 그를 흉내 내게 되었다. 바쁜 그에게 "시간 좀 내주세요." 하면서 떼쓰듯이 청하여 만나고 지도받기를 게을리하지 않았다. 지금도 기업을 하면서도 우리 사회에 대한 깊은 애정, 민족에 대한 사랑을 일깨우고 배우는 소중한 시간을 가지게 된 것을 보람으로 여긴다.

그때 청개구리 전략을 벤치마킹하면서 틈새라든지 차별화에 대한 생각을 정리할 수 있었던 덕에 지금까지도 조은시스템은 세콤이나 캡스 등 선발업체의 주력 부문에는 관심을 두지 않고 있다. 이렇듯 선두업체가 하지 않는 틈새시장을 찾으려는 노력은 적중해 조금씩 새로운 시장을 개척할 수 있었다.

"선두업체를 그대로 모방하는 것만으로는 성공할 수 없다. 오히려 선두업체와 경쟁하지 않는 다른 방향으로 접근을 하는 청개구리 전략을 실천해야 성장의 길로 나설 수 있다"고 일러준 김광석 회장에게 늘 감사함을 갖고 있다.

성공한 이들은 무엇인가 특징이 있다. 그래서 코치와 멘토를 두고 우리가 모르는 뭔가를 배우고 그 비법을 전수 받으면 그 가운데 나름대로 좋은 영역을 가질 수 있다. 내가 우리회사에 코치와 멘토제도를 둔 것도 이 때문이다. 회사가 성장하려면 지적 수준뿐 아니라 운영시스템 또한 개선해야 모든 과정에서 앞선 회사를 만들 수 있다. 능력 있는 멘토를 통하여 배운다면 더 쉽게 경쟁력을 갖출 수 있을 것이라 믿는다.

볼 수 없고 말할 수 없었던 헬렌 켈러에게 설리반 선생님이 없었다면, 아브라함 링컨에게 인내와 사랑을 가르쳐준 어머니이라는 스승이 없었다면, 김구 선생에게 사상 형성에 큰 영향을 미친 고능선 스승이 없었다면, 그들의 인생은 어떻게 되었을까?

이처럼 사회 경험과 지식이 부족한 사람에게 코치와 멘토가 큰 자산이 되었던 사례는 어렵지 않게 찾아볼 수 있다. 인생의 고비에서 코치나 멘토를 가지고 자기를 단련시킬 수 있다면 성공의 길은 더욱 순조로울 것이다.

나에게 코치와 멘토는 역경을 극복할 수 있는 힘이었고 새로운 동력이었다. 힘들 때 만나서 조언을 구하고 경영이나 개인적인 자문을 얻을 수 있는 코치가 있었기 때문에 부족한 실력을 보완할 수 있었다. 경험도 능력도 부족한 사람이 군에서, 금융권에서, IT 기업을 창업하여 경영해오면서 여기까지 올 수 있었던 것은 '저 분을 사숙한다.', '어려울 때 의견을 듣고 지름길을 찾는다.' 라는 마음으로 받들어 모신 네 분의 소중한 멘토가 있었기에 가능한 일이었다.

누구보다 행복하게 일할 수 있었고 직업군인 출신에서 IT 기업 CEO로 변신하는 데 경쟁력을 갖추게 해준 코치와 멘토에게 늘 감사하고 있다.

네트워크가 강해야 살아남는다

"경영자의 즐거움 중 **빼놓**을 수 없는 것은 약한 자들이 합하여 강자를 이기고, 평범한 사람들이 합하여 비범한 결과를 만들어내는 것이다. 그것을 가능케 하는 것이 팀워크다."

앤드류 카네기가 강조한 말이다. 앞서 밝혔지만 누구든 한 사람의 힘은 미약하다. 또한 기업이 성장하려면 스스로의 힘만으로는 역부족이다. 누군가와 지속적으로 상생의 관계를 만들어야 한다.

내 노트북 인명록에는 현재 4,000여 명의 지인들의 명단이 있다. 그리고 이중 400여 명을 인생 최고의 파트너로 여기고 관계를 맺고 있다. 사람이 세상을 살아는데 인맥, 즉 네트워크만큼 귀한 것이 없다고 여기는 까닭이다.

조은시스템이 맨손으로 창업해 현재의 자리까지 올 수 있었던 데에는 이러한 주변 네트워크와의 협력관계가 절대적이었다. 조은에 애정을 갖고 투자한 투자자들, 자기 일처럼 최선을 다한 직원들, 그리고 국내외 파트너 기업과의 내실 있는 네트워크가 없었다면 오늘날과 같은 경쟁력을 갖추기는 쉽지 않았을 것이다.

| 사랑의 후원자 |

기업을 창업하여 경영하는 동안 여러 번의 고비가 있었다. 인력경비 분야로 출발한 회사의 가치를 높이기 위해서는 시스템보안 회사로 전환하는 것이 시급했고, 그러려면 자금을 마련하는 일이 중요한 과제였다. 그러나 청주의 집을 팔고 친척들의 돈을 빌려서 하는 사업은 확장에 한계가 있었다. 후원자와 투자가가 절실히 필요했다.

시스템보안, 전자보안으로 회사를 발전시켜야 한다는 명제를 가지고 증자가 필요하던 때는 마침 코스닥 붐이 일어 너나 할 것 없이 '묻지마 투자'를 하던 시기였다. 투자처가 없어 안달을 하던 상황, 주식을 배분하여 준다는 것을 큰 혜택처럼 여기던 시절이었기에 투자자가 없어 고민하지는 않았다. 다만 '누구에게 주식을 배정하나?'를 놓고 고민하였다.

그리고 고심 끝에 살아오면서 도움을 주신 분, 국가나 사회에 헌신하고 퇴직하여 쉬고 있는 분, 경제적으로 큰 여유가 없는 친구를 대상으로 선정하였다. 곧 취지를 설명하는 편지를 보냈다.

모두 적극 성원하면서 증자할 때 꼭 참여하겠다고 전화와 편지로 격려하여 주었다. 모두 30명을 선정해 작게는 1,000만 원, 많게는 3,000만 원 내외로 형편에 맞게 투자하도록 하였다.

잘만 하면 일확천금이 예상되던 시절이어서 후원자들은 "김승남 덕분에 세계일주를 하게 되었다.", "노후 걱정은 안 해도 되겠다.", "아이들 결혼자금은 해결되었다." 하며 무척 고무되어 있었다. 나도 좋은 성과를 낼 것이라는 생각에 무척 흥분하였다.

하지만 코스닥 열기는 점점 식어갔다. 상장 시기도 점점 늦어졌다. 회사 매출이 500억 원 이상의 규모가 된 이후 3년간 경상이익이 정체되어 코스닥 상장이 어려워졌기 때문이다. 시스템보안은 선투자가 되고 거의 5년 후에야 투자자금을 회수하는 구조여서, 이익이 난 사업부에서 시스템보안 분야의 손해를 보전하는 상황이었다. 그러므로 회사의 미래가치는 꾸준히 성장하고 있었지만, 감가상각액이 1년에 30~40억 원씩 되어 순이익이 15억 내외로 줄어든 엉거주춤한 상황이었다.

나를 믿고 투자해준 분들에 대한 체면이 말이 아니었다. 주간증권사인 대신증권에서는 현재의 이익 규모로는 상장을 하더라도 배수를 잘 받을 수 없으니 모든 사업부에서 이익이 나는 안정적 성장이 시급하다고 조언하였다. 한편 경험이 많은 캡스의 문영표 회장은 "시스템보안 사업하면 망한다."며 사업 확장에 대한 우려어린 충고를 해주었다. 그러나 내 생각에는 5년, 10년 후를 내다본다면 꼭 해야 할 부문이었다. 그랬기에 '시스템보안 사업을 접고, 작은 규모로 상장하느냐, 아니면 이대로 회사를 더 키워서 하느냐' 하는 번민을 하지 않을 수 없었다.

후원자들은 만날 때마다 "해외여행 언제 갈 수 있느냐?", "상장은 언제 하느냐?", "아이들 혼사자금 마련해야하는데 가능해?" 하고 물어 왔다. "조금만 더 기다려 달라."고 변명하기에도 지쳤다. 가까운 분들 에게 손해를 끼치고 있는 상황이어서 정신적으로 무척 힘들었다.

고심에 고심을 거듭했지만 상황을 고려하여 다시 상장을 연기해야 겠다고 모두에게 편지를 보냈다.

"시스템보안 사업을 하면서 이익이 줄어 상장이 2~3년 정도 늦어 지게 되었습니다. 회사의 미래를 생각하면 이 사업은 꼭 해야 합니다. 만약 지금 자금이 필요하다면 적정한 값에 돌려드리겠습니다."

이 편지를 보낸 후 여섯 명으로부터 "투자한 돈을 돌려받았으면 좋 겠다."는 연락을 받았다. 그분들에게는 은행 최고 금리로 계산하여 미 안한 마음과 함께 돌려드렸다.

일전에 《헤럴드 경제》와 인터뷰를 한 일이 있었다. 기자가 물었다.

"창업 이후 언제가 가장 힘든 시기였습니까?"

나는 답했다.

"상장이 미루어져 투자자들에게 미안한 마음으로 지낸 최근 3년간 입니다."

다시 같은 일을 반복한다면 후원자를 선정할 때 기준을 달리할 것 같다. 투자해놓고 노심초사하지 않을 경제적 여유 있는 사람, 영업에 도움이 되는 사람을 선정하는 게 낫겠다는 생각이 들었다. 그래도 기 다리며 힘이 되고 격려를 해주었던 더 많고도 좋은 후원자들이 있었 기에 한층 분발할 수 있었다.

힘든 일도 있었지만 내가 성공한다면 그것은 후원자 덕분이다. 조은시스템의 성장은 좋은 후원자들이 있고 성장의 힘으로 축적된 소중한 네트워크가 있었기에 가능한 것이었다. 이 분들이 언젠가 주식을 처분하게 되어 조은시스템을 떠나더라도 영원히 감사한 마음을 간직할 것이다.

| 소중한 투자자들 |

하나은행 김승유 행장은 은행 고객을 최상으로 받든다는 미션을 가지고 있는 분이다. IMF 경제 위기를 어느 정도 극복하기 시작한 시점에 하나은행으로부터 제안이 들어왔다.

"조은시스템에 10% 정도를 투자하고 싶은데 어떻습니까?"

우리 회사는 거의 모든 은행의 보안서비스를 담당하고 있었지만, 은행으로부터 투자를 받는다는 것은 생각지도 못했었다. 당시 하나은행은 보람은행을 인수하고 충청은행을 통합하는 등 비약적인 발전을 하고 있는 건전한 은행이었다.

이 제안에 대하여 회사 내부 의견은 찬성 쪽이었다. '회사가 신뢰를 얻고 있다는 상징성이 있으므로 투자를 받자' 는 논리였다. 투자 담당자를 만나 물었다.

"왜 우리 회사에 투자하려고 하십니까?"

"하나은행은 스물 다섯 개의 각각 다른 업종에 투자하기로 하였습니다. 네트워크를 만드는 거지요. 하나은행과 함께 발전하는 중견기업을 만들고 하나은행도 더불어 발전하는 은행이 되어야 한다는 게 은행장 방침입니다. 그런데 조은이 보안전문 회사로 좋은 평가를 받고 있어서 선정하였습니다."

그의 대답에 기대에 부응할 수 있어야 한다는 책임감을 느꼈다.

그래서 김승유 행장을 만났다. 그는 금융계에서 신화적인 인물이었다. 카리스마가 있고 합리적인 일 처리로 존경받고 있었다. 그리고 명확한 비전을 가지고 있었다. 그는 나에게 말했다.

"앞으로 우리나라에서 가장 사랑받는 은행을 만들고 싶어요. 고객에게 은행 업무에서 할 수 있는 최상의 서비스뿐만 아니라 특화된 서비스, 예를 들어 고객의 자택보안, 나아가서는 고객의 개인경호까지 책임져서 하나은행 고객이라는 사실에 자부심을 느끼도록 하고 싶습니다."

그의 말에 감동을 받았다. '나는 왜 고객을 깊이 생각하지 못 했는가?', '우리 회사가 이 역할을 잘 할 수 있겠는가?' 하는 반성을 하게 되었다.

하나은행의 기대를 만족시키려면 우선 시스템보안을 더 활성해야 한다는 결론을 얻게 되었고, 그래서 기계경비보안과 시스템보안에 더욱 매진하였다. 다른 한편으로는 신뢰 있는 경호회사를 찾아 경호 네트워크를 구성하는 일에 집중하였다. 면밀한 검토 끝에 마침내 '할 수 있다'는 자신감을 가지게 된 시점에서 투자를 받았다. 이 투자는 고객의 중요성에 대해 많은 것을 배우고 되돌아보게 한 계기가 되었다.

그런데 문제는 자금이었다.

전자경비보안 사업 확장은 선투자 구조여서 자금 소요가 계속 되었다. 하나은행 건을 비롯 반드시 투자를 받아야 할 시점이었다. 이때 대성그룹 김영훈 회장의 성원은 큰 힘이 되어주었다. 김 회장은 장인환 사장으로부터 소개 받은 투자자였다.

장인환 사장은 자산운용 분야에서 실력을 인정받고 있는 사람으로 신앙과 업무수행 면에서 배울 점이 많은 분이었다. 이렇게 내가 좋아하는 장인환 사장이 김영훈 회장을 가리켜 큰 안목을 가진 분이므로 만나보라고 권유한 것이다.

나도 곧 김영훈 회장을 좋아하게 되었다. 우리나라 에너지 분야의 최고 대표기업으로 국민 생활에 오랜 기여를 해왔고 엔터테인먼트 부문에도 투자하여 성공을 거두는 등 투자하는 곳마다 잘 되고 있는 분이었다. 또한 유복하게 성장하였으면서도 약자를 배려하는 따뜻한 마음을 지닌, 인간에 대한 생각이 깊은 분이었다. 그는 특히 환경이라든지 문화 예술 등 다양한 분야에서 우리 사회를 밝게 변화시키려고 노력하고 있었다.

바이넥스트 창업투자회사와 R&R리모델링을 통하여 우리 회사의 현황을 제출하고 얼마 후에 만나자는 연락을 받았다. 우리는 진지하게 회사의 비전에 대하여 토의하였다. 그는 큰 체구만큼이나 넉넉한 마음 씀씀이로 작은 회사를 염려해주었다.

"상장은 언제 할 수 있나요?"

그가 물었다.

"2년 이내, 어쩌면 3년 정도 걸릴 것 같습니다."

이렇게 대답했지만 막상 2년 되는 해가 되자, 다음 해에도 어렵겠다는 판단이 들어 다시 2년 정도 더 기다릴 수 있는지를 알아보니 열심히 해보라고 격려해주었다. 정말 가치 있는 회사를 만들어야겠다는 사명감이 들었다.

또 다른 투자자인 권성문 KTB네트워크 회장과는 상생의 관계였다. 좋은 인연은 서로에게 도움이 된다고 하는데 우리가 딱 그런 관계였다. 권 회장의 투자로 조은시스템과 잡코리아는 성공의 발판을 마련했으며, 또 권 회장은 투자 성공신화를 남겨 서로에게 큰 도움이 되었기 때문이다. 물론 옥션 등 기업인수합병M&A 분야에서 그가 남긴 실적은 많다. 하지만 작은 투자로 큰 성공을 거둔 면에서 조은시스템과의 인연은 세간의 주목을 더 받는 계기가 되었다.

두 번에 걸쳐 권성문 회장에게 투자를 요청했을 때 그는 한 번도 주저하지 않았다. 언제나 흔쾌히 수락하였는데, 지내놓고 보니 "도대체 무엇을 믿고 그렇게 아무 거리낌 없이 투자했어요?"라고 묻고 싶을 때가 한두 번이 아닐 정도로 냉철한 사람이었다.

그로 인하여 조은시스템과 잡코리아 역시 꾸준히 성장하는 계기가 되었으니 그는 나에게 참으로 아름다운 사람이다. 젊은 그에게서 배운 점은 사업을 보는 안목과 미래에 대한 예측이다.

좋은 아이템을 가진 회사를 찾아서 투자하여 키우고 결정적인 시기에 최선의 M&A를 성사시키는 안목은 어디에서 나오는 걸까?

사람들은 권성문 회장에게 투자의 귀재라든지 성공을 위해서는 수단을 가리지 않는다는 평을 하는데, 그의 진면목은 냉철한 판단과 넘치는 열정이 어우러진 승부사 기질에 있다.

항상 변화를 추구해온 권성문 회장은 금융회사에서 시작한 봉급생활을 청산한 후 부실한 회사를 인수하여 잘 다듬은 다음 상장시켜 시장에서 인정을 받고 성공의 길에 들어서게 되었다. 이를 토대로 새로운 회사의 인수합병에 적극 참여하고자 우리나라 제일의 KTB네트워크라는 창업투자회사를 경영하게 된 것이다. 이는 새로운 내일을 꿈꾸는 젊은이들의 욕망을 자극하는 하나의 신화라고 생각한다.

누구에게나 인생의 고비가 있다.

"자, 이 시점에서 내일의 도약을 이루어야 하는데 어디에서 원동력을 찾아야 할까?"

이런 과제를 안게 될 때가 있다. 그럴 때마다 나의 결론은 언제나 같다. 사람에게서 구하라는 것이다. 혼자서는 아무것도 할 수 없다. 나보다 앞서 개척한 사람, 나보다 더 현명한 사람, 나를 믿는 사람에게 귀를 기울이고 그들에게 도움을 구해야 한다. 다시 말해 '네트워킹을 활용해야 한다'는 것이다.

나에게 네트워크는 모든 성장을 지원하는 힘의 원천이다. 나를 아는 모든 사람들, 고객과 임직원, 후원자와 투자자가 모두 네트워크를 이루어 나에게 큰 힘이 되어주었다. 너무나도 감사한 행운이다.

| 상생의 제휴협력 |

기업을 경영하다 보니 작은 회사가 시장에게 경쟁해나가는 데에는 한계가 있다는 생각이 들었다. 이럴 때에는 어떤 전략을 세워야 할까?

나는 제휴협력을 선택하였다. 힘은 합치면 강해지는 법이니까.

선두업체와 경쟁하고 뛰어넘으려면 전략적 제휴와 아웃소싱, 기술 협약 등 다양한 방법으로 손을 잡지 않으면 안 된다는 생각에 우리는 다각도로 제휴협력을 할 방안을 찾기로 착안했다. 그리고 국내 지역 별로 여섯 개 회사와 제휴협력을 하였다. 지역이 다른 점을 이용하여 경쟁회사끼리 협력체제로 만든 것이다. 이것은 그들과 우리 회사 모두에게 이익이 되리라 판단했다.

외국 회사와도 같은 전략을 실행했다. 외국 회사가 한국에 지사를 설립하고 인력을 채용하고 영업을 하려면 초기 투자가 많이 든다. 하지만 한국의 영업력 있는 회사와 손을 잡으면 우리는 좋은 기술력을 갖출 수 있게 되고, 그들은 영업력을 가질 수 있게 되어 양쪽 모두에게 도움이 된다.

세계 제일의 X-Ray 검색기를 제작·공급하는 회사로 전 세계 공항의 60% 이상이 이 회사 제품을 설치하여 운영하고 있는 회사가 있다. 미국에 있는 L3 SDS사이다. L3 SDS사와의 접촉을 시도했다. 제휴협력 의사를 정성껏 담은 제안서를 메일로 보낸 것이다.

"우리는 한국의 중견 보안회사입니다. X-Ray 관련 제품은 없으나 설치하고 관리할 능력은 있습니다. 한국에서의 L3 SDS사 파트너 역할을 하고 싶습니다."

곧 답장이 왔다. 한국에 와서 3~4개 회사를 방문하여 실사를 한 다음 결정하겠다는 내용이었다. L3 SPS사의 파트너가 되고자 장점 위주로 회사의 현황을 준비했다.

미국 L3 SDS사에서 실무자가 방문하였을 때 우리가 가지고 있는 열정을 보여주고, 신뢰와 책임감을 중시한다는 점과 꾸준히 성장하고 있다는 점, 그리고 한국에서 가장 좋은 보안회사를 지향한다는 점을 설명하였다. 그러나 작은 회사, 경험이 없는 회사, 기술력이 미약한 회사라는 약점도 솔직히 포함하였다. 물론 그를 해결할 수 있는 능력과 의지, 기술적인 지원이 가능하다는 점은 당연히 부각시켰다.

세 사람의 L3 SDS사 실무자들은 며칠간 한국에 체재하면서 세밀한 분석을 한 후에 조은시스템을 파트너로 선정하였다. 조은시스템은 이 제품을 취급하면서 2년 정도 영업손실을 보았다. 그러나 미래가치를 보고 계속 이 분야를 개척해나가고 있다. 이제 제법 안정을 찾았고 개발비만 수십억 달러가 소요되는 장비를 우리 제품처럼 설치하고 활용하게 된 것만으로도 통합보안회사로의 사명을 이행한 것이라고 생각한다.

또 다른 사례도 있다.

호주는 원래 소프트웨어 쪽에 강하다. 그래서 호주의 기술 선진 회사를 찾고자 주한호주대사관 차봉석 상무관에게 추천을 의뢰했다. 차 상무관은 마침 호주 회사들도 한국에서 함께 일할 파트너를 찾고 있다면서 반가워했다.

그런데 의외였다. 한국 시장을 개척하려는 전략을 가지고 있던 호주 측 회사에서 오히려 열정적으로 나왔다. 자신들의 기술력을 적극 홍보하며 단도직입적으로 제안을 하는 것이었다.

"우리에게는 이처럼 뛰어난 기술력이 있다. 마케팅과 서비스를 한국에서 담당하는 게 어떤가?"

그 결과 건물통합보안회사인 이너레인지Inner Range사와 제휴협력 계약을 맺고 선진 기술서비스를 받게 되었다.

제휴협력뿐만 아니라 아웃소싱의 활용도 중요하다. 처음 외부업체를 통해 시스템보안 사업을 시작하였을 때 대부분 직원은 불만이 많았다. 우리가 만든 제품이 없다며 제품을 직접 만들어야 우리 제품이 된다고 여겼다. 그때 나는 네트워크의 중요성을 반복 설명하며 설득했다.

"현대자동차도 모든 제품을 다 생산하지는 않아요. 2만여 부품이 모두 아웃소싱으로 만들어져서 조립·완성된다는 사실은 모두 알고 있지 않나요?"

이에 따라 조은시스템은 보안장비 설계는 대부분 자체에서 하고 대신 제작은 아웃소싱으로 해결했다. 수요가 제한된 여러 품목들을 직접 생산하는 것은 효율성이 떨어지기 때문이다. 대량 생산이 가능한 품목이 아니고는 생산을 전담하는 회사에 맡기는 편이 효율 면에서 낫다.

예를 들어 전자감응 방식에 의한 제품의 수요가 증가하고 있다고 해서 직접 생산하는 것은 효율성이 떨어진다. 개발은 직접 하더라도 생산은 전문업체에 맡겨야 좋은 제품을 만들 수 있다. 이와 더불어 외국 제품에 의존하던 첨단 보안제품을 한국의 작은 기업에게 아웃소싱 방식으로 생산하게 하는 것은 의미 있는 일이다.

이제 조은시스템의 아웃소싱은 창업에서부터, 경영, 영업지원, 투자, 영역확장 등을 지원하는 새로운 방식으로 확장되고 있다.

그렇다고 조은시스템이 아웃소싱을 이용하는 것만은 아니다. 다른 회사의 아웃소싱을 담당하고도 있다. 이를테면 큰 회사의 보안시스템 부문을 맡아서 하는 방식인데, 대형 프로젝트는 거의 삼성이나 LG, SK 등 대형 SI회사들과 컨소시엄 형태로 참여하고 있다.

그런데 이러한 네트워킹 가운데 가장 힘든 것이 유사 업체간 제휴이다.

경쟁이 치열하다 보니 '제살 깎아먹기식'의 투자가 여기저기서 나타나곤 해서 몇 년 전 '효율적으로 경쟁하자'라는 주제를 가지고 비슷한 규모의 경쟁 회사 대표들이 함께 자리를 한 적이 있었다. 거기서 한 가지 제안을 했다. 삼성이 일본 소니와 기술협력을 하게 되었다는 보도가 있을 즈음이었다.

"크고 강한 회사와 경쟁하려면 우리도 힘을 합쳐야 해요."

"어떤 방법으로 힘을 합쳐야 할까요?"

"경쟁하고 협력하는 관계를 맺읍시다."

가격 담합은 공정거래법 위반이므로 지역별로 안배, 서로 밀어주기로 약속하였다. 그러나 성공은 하지 못했다. 한 회사가 약속을 어겨 신뢰에 금이 간 것이다. 그 이후로도 '제살 깎아먹기' 경쟁은 여전히 계속되고 있다.

비록 이 분야에서의 공동 마케팅은 실패로 돌아갔지만 제휴나 아웃소싱, 공동 마케팅의 효과로 경쟁력을 키우면 작은 회사를 크게 성장·발전시킬 수 있다는 믿음은 여전히 가지고 있다.

네트워크는 조은시스템처럼 작은 회사에게는 생존의 가치이다. 혼자서 이루는 것보다는 네트워킹을 활용하는 것이 기술, 자본, 마케팅 모두에서 앞서 나갈 수 있는 기회가 되고 역동적인 시장개척 또한 가능하기 때문이다.

| 인적 네트워크 |

2007년 초에 와튼 CEO Wharton-CEO 과정을 수료했는데, 공부도 중요하지만 인맥을 만들러 왔다는 사람이 의외로 많았다. 인맥을 위해서라면 비싼 수업료도 아깝지 않다는 것이다. 그 생각을 이해할 수 있었다. 나 역시 사람 사이의 관계를 무척이나 중요하게 여기는 편이기 때문이다. 처음 사업을 시작할 때부터 지금까지 인맥관리에 큰 관심을 가지다 보니 나름대로 요령도 생겼다.

사실 처음에는 각종 인맥관리 프로그램이 출시되기만 하면 노트북에 설치하여 입력시키곤 했다. 그런데 명단이 4,700명을 넘으니 효율적인 관리를 할 수 없었다. 각종 소프트웨어를 모두 활용해보았지만 정보를 변경시키는 데 착오가 생기기 일쑤였고, 우편을 보내면 3분의 1은 돌아오곤 했다.

결과적으로 꼭 관리해야 할 사람은 대략 400여 명 정도였다. 그래서 이제는 각 명단들을 차별화하여 별도로 관리한다. 주요 인맥은 정기적으로 방문하고 또 전화를 하거나 이메일을 보내 근황을 알린다.

개인적인 인맥관리 요령을 조금 더 밝히자면 공직에 있는 분에 관한 것이다.

조심스럽게 말하자면 공직 인맥관리의 가장 좋은 방법은 '아끼고 쓰지 않으면 탄탄한 네트워크가 된다' 는 것이다. 자꾸 쓰면 스캔들로 비화되고 네트워크에 틈새가 생겨 약해지게 된다.

인터넷이 보편화될 무렵, 사무실 옆방을 PC방으로 꾸며 공직에서 퇴직하거나 쉬고 계신 분 중에서 20여 분을 초청하여 인터넷공부방으로 활용하였다. "집에서 쉬시느니 시간나면 오셔서 '정보의 바다' 에서 즐기시라."고 권유한 것이다. 몇 분은 몰두하셨다. 그분들 중 여섯 분이 나중에 장·차관으로 임명을 받고 나라를 위하여 봉직하셨다.

"공직에 다시 나가서 IT 지식을 활용할 수 있었다. 고맙다."

이런 말씀을 들을 때마다 보람을 느꼈다.

그러나 그분들이 공직에 재직하는 동안에는 절대로 업무 부탁을 드리지 않았다. 어느 공직이건 가까운 분들이 재직하는 동안은 사업 얘길 하지 않는다는 것이 내 원칙이다. 그들을 보호할 책임이 있기 때문이다. 그런 마음을 실천하였으므로 지금도 변함없이 좋은 네트워크를 유지할 수 있었던 것은 아닐까.

세계적인 자동차 세일즈왕 조지라드의 인맥관리 요령도 귀담아 들을 만하다. 그는 한 사람이 미칠 수 있는 영향력 있는 인간관계의 범위가 250여 명이라는 사실을 알아내고는 '250명 법칙' 을 만들었다. 이것은 '1명을 만나더라도 250여 명을 대하듯 해야 한다. 1명의 신뢰를 잃으면 250여 명의 신뢰를 잃는다.' 라는 주장으로 그는 이 법칙에 따라 만나는 모두를 극진히 대접하였다고 한다.

현재 휴먼네트워크연구소 소장으로 있는 양광모 씨도 인맥에 관한 중요한 말을 했다. 그의 주장은 강하고 밀접한 인간관계만을 중요시하는 전통적인 인맥관리에서 벗어나야 한다는 것이다. 대신 느슨하고 약하지만 다양한 인간관계를 중요시하라고 했다. 사회학자 버트Burt의 "중복적인 연결을 피해 다양하게 연결해야 효과가 증가한다."라고 말한 것과 일맥상통하는 주장이다. 이는 인터넷의 발달로 직접 대면이나 깊은 교류 없이도 다양한 인간관계를 형성할 수 있기에 설득력이 있어 보인다.

밀접한 관계든 느슨한 관계든 내가 경험한 인맥관리의 제1원칙은 '내가 먼저 주겠다'는 소신이다. 이러한 소신을 가지고 그 사람의 개성이나 환경을 존중한다면 많은 소중한 사람을 얻을 수 있을 것이다.

Thank to Future

PART 5

꿈이 있는 자만이 감사할 줄 안다

미켈란젤로는 말했다.
"꿈꾸는 모든 것은 결국 이룰 수 있다. 그러나 정말 위험한 것은 꿈을 이루지 못하는
것이 아니라 달성할 만한 쉬운 목표조차 포기한 채 안주하는 것이다."

과거를 창조하고 미래를 경험하다

31년 간의 직장생활을 그만두고, 창업을 하여 13년 동안 회사를 경영해오면서 사람을 보는 관점이 달라졌다.

직장생활을 하며 월급을 받을 때에는 나 외에 다른 사람들은 일은 제대로 하지 않고 놀고먹는 것처럼 보였다. 그러나 사업을 시작하여 월급을 주는 입장에 서고 보니 회사를 위하여 돈을 많이 벌어주는 직원은 항상 안아주고 싶은 마음이 들 정도로 사랑스러웠다.

지금은 큰 역할을 못하지만 잠재적인 능력을 가지고 있는 직원 역시 큰 기대로 바라보고 있다. 이들에게 나의 과거와 조은의 미래가 달려있다고 생각하기 때문이다.

| 후계자 문제를 생각하다 1 |

이제는 누군가 회사를 경영할 수 있는 사람을 찾아서 경영 수업을 시키는 문제가 관심사가 되었다. 마침 마음에 두고 있는 사람이 둘 있었다. 같이 근무하며 역동적이라고 느꼈던 두 사람은 조흥은행의 임정빈 상무와 육군의 백승도 준장이었다.

순리에 따라 영입을 하기로 원칙을 정했기에 그 두 사람이 현직에서 성공하도록 기원하고 퇴직을 하면 그때 같이 근무하자는 제안을 할 생각이었다. 당시는 두 사람 모두 있는 자리에서 잘 해나가고 있었다. 그 두 사람 외에 다른 좋은 사람도 추천을 받으면 고려할 복안이었다.

임정빈 상무는 4년 전 충북은행이 조흥은행에 통합된 이후에도 조흥은행의 임원으로 근무하며 촉망을 받고 있었다. 우리 회사로 스카웃하고 싶은 마음이 굴뚝 같았지만 있는 자리에서 최고의 은행장이 되기를 기원하고 있었다. 그러나 퇴직하고 한국도자기그룹의 로제화장품 사장으로 가게 되었다는 말을 들었기에 결국 말도 꺼내지 못했다. 작은 회사에서 고생하는 것보다는 안정된 회사에 가는 것이 더 나은 결정이기에 축하해주었다.

백승도 장군의 경우 옛 인연이 끈끈하게 이어져오고 있었다. 중위 중대장으로 있을 때 그의 역동적인 근무가 인상에 남아 있었기에 대령인 그가 보직이 안 풀려 마음고생이 심할 때 전역을 제안하기도 했다.

"힘들면 전역하면 어때? 사회에 나와서 도전해보는 것도 좋을 거야."

사회에 뛰어든다면 성공할 수 있으리라 여겼기 때문이다. 당시 그는 군의 사조직인 하나회 문제제기로 주목을 받고 있었다. 그런 문제로 오르내리며 능력이 폄하될까 걱정되어 "왜 그런 문제를 백 대령이 제기했냐?"며 안타까운 마음에 질책하기도 했다.

하지만 다행히도 능력을 인정받아 장군으로 승진, 주요 보직에서 근무하게 되어 고난이 끝난 것처럼 보였다. 그러나 동기생 중에서 선두로 장군이 되었던 그는 이후 1차 소장 진급에서 누락되었다.

"하나님 뜻이다. 내년에는 할 수 있을 테니 더 열심히 해봐."

격려했지만 다음 해에도 진급이 무산되고 말았다. 능력을 생각한다면 아쉬운 일이었다. 그에게 정년까지 근무를 할 것인지, 전역하고 기업인으로 새 출발을 하겠는지 물었다. 사실상 영입을 제안한 것이다.

"이번 기회에 새로운 출발을 하겠습니다."

그는 자신의 새로운 뜻을 밝혔다. 임원으로 영입하였다.

"우리 회사에 오게 되면 장군이었을 때보다 처우가 약할 거야. 또 2~3년 수업하는 과정이 필요하네. 하지만 열심히 하여 밝고 좋은 사회 만드는 데 헌신하면 더 가치 있는 보람을 느낄 수 있을 거야."

이후 그는 시스템사업을 총괄하면서 조은시스템 대표를 맡아 기대 이상 좋은 성과를 내고 있다. 변화를 추구하고 역동적 생각을 가진 사람이기에 기업인으로도 더 한층 높은 평가를 받으리라 믿고 기대하고 있다.

| 후계자 문제를 생각하다 2 |

"어떤 회사가 우량 기업인가? 좋은 회사, 기업가치가 높은 회사, 강한 회사가 우량 기업이다. 우량 기업은 임직원이 강해야 한다."

임직원 코칭시간에 유승렬 사장이 내놓은 토의 주제였다. 강의를 들으며 고개를 끄덕였다. 나 역시 우리 회사의 비전을 역동적으로 실행할 인재에 늘 목말라 있던 참이었다.

거의 10년 가까이 투자하고 있는 분야가 있기 때문이다. 미래가치를 고려해 무인기계경비와 전자경비사업부를 만들었는데, 투자에 비하여 성과가 부진했다. 돈을 잘 벌어들이는 다른 사업부에서 이 분야의 손실을 보전하는 형편이었다. 여기에 3년 단위로 담당 임원이 바뀌었고 직원들의 이직도 빈번하여 자신감이 떨어지는 지경에 이르렀다. 기술이 뛰어난 사람은 기술개발에만 집착하고 영업에 소홀했으며, 영업에 강점을 가진 사람은 날로 발전하는 기술 추세에 부응하지 못해 경쟁력이 떨어졌다. 사내에서도 균형발전이 필요한 상황이었다. 분명 이 분야는 시장성이 충분했지만 문제는 성장시킬 사람이 없다는 것이었다.

구원투수가 필요했다. 잡코리아에 광고를 내고 몇 곳에 추천을 의뢰했다. 이때 사람을 찾는 중요한 기준은 '전자보안의 기술력과 함께 영업능력을 가진 전문가'였다.

"적임자가 있습니다."

부임한 지 얼마 안 된 백승도 사장이 정구창 대령을 추천했다. 예비역 대령으로 공병병과시설 분야에서 일을 한 건축전문가였다. 나는 고개를 갸웃했다.

"건축전문가인데 전자경비보안 분야에 잘 적응할 수 있을까?"

한 번도 이 분야에서 사람을 구하는 데 있어서 군 출신을 생각해보지 않았었기 때문이다. 나도 군 출신이고 보험영업으로 인정을 받았지만 이 분야만큼은 자신이 없었다. 군인정신보다는 유연한 성격을 가진 프로가 더 적합하다고 생각해왔다.

아파트 전자경비시스템이 주력 상품이었기 때문에 주 고객은 대부분 아파트 대표들이었다. 그들의 마음을 움직일 수 있어야 했다. 이들의 의견을 잘 수렴해 기술 수준에 맞는 서비스를 제공하고 또 영업력도 갖추어야 했다. 큰 건물이나 상가에 보안시스템을 설치하도록 고객을 설득할 수 있는 실력도 필요하였다.

우선 정구창 대령을 만나 보았다. 인간적인 매력이 있는 사람으로 서글서글한 외모에 맑은 눈이 돋보였다. 하지만 판단하기는 일렀다.

"이 분야는 생각보다 어렵습니다. 특히 무인경비를 포함한 전자경비보안 분야에 계속 투자를 해왔지만 성과가 부진했습니다. 무엇보다 안정적 성장이 시급합니다. 사명감과 함께 지혜와 정성이 필요합니다. 잘 할 수 있겠어요?"

그는 당당하게 말했다.

"좋은 생각을 가지고 있습니다. 맡겨주십시오."

하지만 섣부른 치기는 오히려 위험할 수도 있었기에 이렇게 말했다.

"좋은 생각만으로 일을 잘할 수는 없지요. 사회는 만만치 않아요. 10년을 해온 나도 영업, 기술 모두를 어렵게 봅니다. 이 사업부는 죽을 각오로 해야 성공할 수 있어요."

정구창 대령은 고개를 끄덕이며 자신감 있게 답했다.

"전역하고 1년간 건설회사에서 여러 가지를 배우고 느꼈습니다. 배우면서 기대에 어긋나지 않게 해보겠습니다."

검증이 필요했다. 군에서 함께 근무한 몇 사람에게 물었다.

"정구창 대령에게 전자보안이라는 중요 임무를 맡기려는데 어떻겠습니까?"

모두 한 목소리였다.

"능력, 인간성 모두 훌륭한 사람입니다."

결국 그를 임원으로 영입하였다. 그는 처음 구조조정 과정에서 다소 마음고생을 하였지만 고비를 잘 극복하였다. 기대했던 대로 기술, 영업, 관리 모두를 신뢰할 만한 수준으로 끌어올려 도약의 기반을 구축하였다. 그를 통해 또 한 번 사람이 중요하다는 것을 새삼 느낄 수 있었다.

정구창 사장이 그 같은 어려운 상황에서 좋은 결과를 낼 수 있었던 것은 멀리 내다보고 그림을 그릴 줄 알았기 때문이다. 사업구상을 효율적으로 하고 맥을 정확히 짚어 문제를 잘 풀어내는 능력이 있었다. 앞으로 얼마나 자기 단련을 하느냐에 따라 10년, 20년 후의 가치가 결정될 것이므로, 회사의 가치를 높이기 위해서도 그에게 투자와 성원을 해야 한다고 여기고 있다. 정대령은 현재 조은세이프의 대표로 언제나 회사에 대한 좋은 그림을 그리고 있다.

앞으로 조은의 미래는 어떻게 될까? 강한 회사로 성장할 수 있을까, 좋은 사회를 만드는 좋은 기업이 될 수 있을까?

얼마 전 공병호 박사의 《10년 후, 한국》이라는 책을 읽고 깊은 생각을 하였다. 우리 사회의 10년 후, 조은의 10년 후는 어떻게 변할까, 누가 판정할까? 그림을 어떻게 그려나가느냐에 따라 결과가 달라진다는데 밝은 내일을 그려보고 싶다.

| 고객이 기업의 미래 |

칠전팔기七轉八起라는 말이 있다.

이는 결국 집념의 성공을 뜻한다. 구약성경의 잠언서에도 "의인은 일곱 번 넘어질지라도 다시 일어선다."라는 말로 집념의 중요성을 일러 주고 있다. 우리 회사 또한 어려운 가운데에도 여러 분들의 도움으로 넘어질듯 일어서며 성장해왔다. 선발회사와 기술력은 대등하나 후발주자의 한계를 극복하는 데 힘든 여정이 있었지만, 이제는 어느 정도 기틀을 마련하였다. 여러 사람의 도움 덕분이다.

그중 내가 가장 감사하고 또 어려워하는 사람이 있으니 바로 고객이다. 바로 10여 년 전 첫 가입자로부터 시작하여 상점, 건물, 개인주택, 아파트, 큰 시설에 이르기까지 5만여 고객이 그들이다. 나는 그 고객들이야말로 조은시스템을 만들고, 또 오늘의 나를 있게 한 분들이라 생각한다.

어느 날 고객으로부터 전화가 왔다. 직접 받았다. 부재 중일 때만 비서가 대신 받아 메모를 해놓고, 사무실에 있을 때는 대부분 직접 받는다. 기다리는 이의 불편함을 줄일 수 있기 때문이다.

"대표를 바꿔주세요."

"제가 대표입니다. 안녕하세요?"

"무슨 회사가 서비스를 그렇게 하세요?"

목소리가 퉁명스러웠다.

"죄송합니다. 어떤 내용이신지요?"

"무인기계경보음이 울리지 않고 고장 난 거 같은데 와서 점검도 안하고, 이런 고객관리가 어디 있어요?"

"죄송합니다. 즉시 뛰어가겠습니다."

정비요원이 달려가서 문제는 바로 해결되었다. 나는 직원들에게 강조했다. 그 고객은 진정으로 회사를 사랑하는 고객이라고 말이다. 그래서 그 고객을 개별적으로 초대하여 인사를 드렸다. 우리를 강하게 단련시키는 조련사 역할을 해주신 것을 잊지 않겠다는 다짐을 하고 보니 새로운 사명감이 느껴졌다.

이렇듯 고객들은 우리를 실의에 빠져 쓰러지게도 하고, 또 다시 일어설 힘을 주기도 한다. 공항입찰이 그랬다.

인천국제공항 개항 전에 경비보안 업체 선정을 위한 입찰이 있었다. 대부분의 아웃소싱 입찰은 적정가를 기준하여 제안서와 실적으로 평가하는 것이 일반적이다. 너무 싼값에 발주하면 좋은 서비스를 받을 수 없다는 판단에 대부분 적정가 입찰을 하도록 하는 것이다. 하지만 이상하게도 공항경비보안만은 최저가 입찰을 했다. 자격을 갖춘 업체들을 먼저 선정하여 이중 가장 낮은 가격을 써낸 회사를 최종 낙찰자로 선정한다는 것이었다.

고민이 아닐 수 없었다. 회사에서는 손해를 보더라도 참여하느냐 혹은 포기하느냐를 놓고 이해득실을 따져 첨예한 논쟁에 들어갔다. 그리하여 '투자한다는 생각으로 미래를 생각해 3년간만 손해보자.' 라는 것으로 최종 결론이 모아졌다. 한번 보안을 맡은 회사는, 특별한 하자가 없는 한 지속적으로 서비스를 맡기는 것이 일반적이었기 때문에 과감하게 도전하기로 한 것이었다. 처음부터 손해를 예상하고 뛰어든 것이니 회사로서는 모험을 한 셈이었다. 그 결과 조은시스템이 선정되었다.

그리하여 개항 전 내곽보안을 담당하게 되었다. 그리고 개항 이후에는 폭발물 검색과 처리를 포함하여 내·외곽 전 지역의 보안을 담당하게 되었다. 미래를 내다보고 최선을 다했다. 아마도 군의 헌병병과에서 능력을 인정받았던 김희용 본부장의 지식과 경험이 없었다면 불가능했을 것이다. 지금도 자랑스러운 일은 조은이 보안을 담당했던 3년 간 단 한 건의 사고도 없이 완벽하게 임무를 수행하였다는 점이다. 덕분에 매년 실시하는 공항본부의 평가에서 조은시스템은 최우수 회사로 선정되어 표창까지 받았다.

그렇게 3년이 지날 즈음이었다.

그동안 적자를 보며 진행했던 공항경비 투자가 정상궤도에 오를 시점이었다. 그런데 날벼락 같은 소식이 들려왔다. 관련 업체들을 소집, 재입찰을 한다는 것이었다. 게다가 이제까지 최선을 다해왔던 조은시스템의 활동에 대해서도 별다른 인센티브가 없다는 것이었다. 회사는 이미 10억여 원 규모의 손해를 본 상황이었다.

공항 대표이사 사장이 바뀐 것이다. 황무지에서 첫삽을 뜨고 인천 공항을 세계에서 자랑할 만한 아름다운 공항으로 만들어놓은 초대 강동석 사장이 자리를 떠난 뒤였다. 그는 컨테이너 박스에서 8년간을 기숙하며 헌신적으로 공사를 지휘하였다. 8조 원이 소요되는 공사를 집행하면서도 단 한 건의 잡음도 없이 공정하고 합리적으로 일을 처리한 대단한 개척자였다.

달리 하소연할 곳도 없었다. 장기적인 가능성을 보고 손해를 감수하면서 수주를 한 것인데 계획이 빗나간 것이다. 결국 재입찰 수주에 실패하고, '검색보안'에만 간신히 턱걸이로 낙찰되었다. 그나마 다행이었다. 우리는 그간의 경험을 토대로 '경비보안 인계계획'을 작성하여 성심성의껏 새로운 회사에 업무를 인계했다.

그런데 문제는 우리가 새로 담당할 검색보안 부분에서는 제대로 인수를 받을 수가 없었다는 것이다. 인계를 해주어야 할 이전 업체가 이를 거절하고 철수를 해버린 것이다. 말도 안 되는 위기상황이었다.

인천공항은 우리나라의 관문으로 보안이 생명이다. 직원을 선발하여 몇 달간 집중교육을 시키고, 비상근무 체제로 전환하여 전력투구하였다. 다행이 공항공사의 도움으로 큰 위기는 없었다. 어떻게 생각하면 억울한 일이었지만 툴툴 털어버리고 주어진 일에 최선을 다했다.

그리고 몇 년 후 비로소 고생한 결과가 나타났다. 주한미군 전 지역의 경비보안 업체로 선정된 것이다.

경비보안 업체를 선정하려고 미군 당국은 여러 업체를 다각도에서 검토했다. 시스템을 비롯한 여러 실적과 현장 고객들의 평가를 분석한 것이다. 여론이나 과거의 공과 등 여러 면이 참고되었다. 그 어려운 과정을 뚫고 조은시스템이 선정된 것이다. 인천공항에서의 성실성을 인정받은 결과였다. 손해를 보고도 업무를 성실히 수행했으며, 불만스러운 여건에서도 업무인계를 성심껏 하였으며, 고객을 위해 최선을 다했다는 평가가 결정적으로 유리하게 작용했다.

고객 때문에 낙담했지만 또 다시 고객 때문에 희망을 갖게 된 과정이었다. 또한 '하나님은 언제나 공평하시다' 라는 믿음을 알려준 경우였다. '모두 똑같이' 가 아니라 열심히 일한 만큼 보상하신다는 '공평의 원리' 를 다시금 확인할 수 있었던 것이다. 어쩌면 고객과 하느님은 통하는지도 모른다.

| 과거를 기억하지 못하는 자의 미래는 없다 |

내 사무실에는 작은 의자가 놓여 있다.

창업할 때 최초로 구입한 회사 집기이다. 처음 4평 남짓한 허름한 창고에서 보안경비회사를 설립하겠다고 동분서주할 때 언제나 곁에서 나를 지켜주었던 의자이다. 어쩌면 내 시작과 현재 그대로를 지켜본 '역사의 증인' 인지도 모른다. 지금도 어렵고 힘든 일이 있을 때 이 의자를 물끄러미 바라본다. 다소 고달팠던 과거라도 되새기면 현재에 큰 힘이 되기 때문이다.

우리 사회도 마찬가지가 아닐까. 과거를 기억하며 힘을 얻고 용기를 얻었으면 한다.

내가 육군에서 장교로 임관할 때 국민소득이 100불 내외였다. 월급은 3,500원, 쌀 한 가마 값이었다. 그러나 이제 우리는 끼니를 걱정하기 않아도 될 정도의 풍요로운 삶을 살고 있다. 가끔 이 풍요로움이 우리 미래의 독이 되지는 않을까 걱정이 될 때도 있다.

그런 의미에서 육사 교장 김충배 장군의 편지 일부를 소개하고 싶다. 생도들에게 보낸 편지로 언론에 공개되어 화제가 된 일도 있다. 공감이 되는 일부분을 개재한다.

"고졸 출신 파독 광부 500명을 모집하는 데 4만 6,000명이 몰려왔다. 대부분 정규 대학을 나온 학사 출신들이었는데 면접 볼 때 손이 고와서 떨어질까봐 까만 연탄에 손을 비며 거친 손을 만들어 면접에 합격했다는 일화가 있다. 그들을 태우러 서독 항공기가 김포공항에 도착하자 간호사와 광부들의 가족, 친척들이 눈물을 흘리며 환송을 했던 가슴 아픈 추억이 있다. 낯선 땅 서독에 도착한 간호사들은 시골 병원에 뿔뿔이 흩어졌다. 말도 통하지 않는 여자 간호사들에게 처음 맡겨진 일은 병들어 죽은 사람의 시신을 닦는 일이었다.

어린 간호사들은 울면서 거즈에 알코올을 묻혀 딱딱하게 굳어버린 시체를 이리저리 굴리며 닦았다. 하루 종일 닦고 또 닦았다. 남자 광부들은 지하 1,000미터 이상의 깊은 땅 속에서 그 뜨거운 지열을 받으며 열심히 일했다. 하루에 8시간을 일하는 서독 사람들에 비해 한국인들은 열 몇 시간을 그 깊은 지하에서 석탄 캐는 광부 일을 했다. 서독 방송, 신문들은 대단한 민족이라며 가난한 나라에서 온 여자 간호사와 남자 광부들에게 찬사를 보냈다. '세상에 어쩌면 저렇게 억척스럽게 일할 수 있을까?' 해서 붙여진 별명이 '코리안 엔젤'이었다.

몇 년 뒤 서독 뤼브케 대통령의 초대로 박 대통령이 서독을 방문하게 되었다. 서독 정부는 친절하게도 국빈용 항공기를 우리나라에 보내주었다. 서독에 도착한 박 대통령 일행을 거리의 시민들이 플랫카드를 들고 뜨겁게 환영해주었다. "코리안 간호사 만세!", "코리안 광부 만세!", "코리안 엔젤 만세!" 독일어를 할 줄 모르는 박 대통령은 창밖을 보며 감격에 겨워 "땡큐!" "땡큐!"만을 반복해서 외쳤다. 서독에 도착한 박 대통령 일행은 뤼브케 대통령과 함께 광부들을 위로, 격려하기 위해 탄광에 갔다.

고국의 대통령이 온다는 사실에 그들은 500여 명이 들어갈 수 있는 강당에 모여들었다. 박 대통령과 뤼브케 대통령이 수행원들과 함께 강당에 들어섰을 때 작업복을 입은 광부들의 얼굴은 시커멓게 그을려 있었다. 대통령 연설에 앞서 우리나라 애국가가 흘러나왔을 때 이들은 목이 메어 애국가를 부를 수조차 없었다. 대통령이 연설을 했다. 그도 단지 나라가 가난하다는 이유로 이역만리 타국에 와 땅속 1,000미터도 더 되는 곳에서 얼굴을 시커멓게 그을려 가며 힘든 일을 하고 있는 우리 광부들을 보니 목이 메어 말이 잘 나오지 않았다. "우리 열심히 일 합시다. 후손들을 위해서 열심히 일 합시다. 열심히 합시다." 눈물에 잠긴 목소리로 박 대통령은 계속 열심히 일하자는 이 말만을 반복했다.

육 여사도 함께 울면서 내 자식같이 한 명 한 명 껴안아 주며 "조금만 참으세요."라고 위로하고 있었다. 광부들은 뤼브케 대통령 앞에 큰 절을 하며 울면서 '고맙습니다, 고맙습니다. 한국을 도와주세요. 우리 대통령님을 도와주세요. 우리 모두 열심히 일 하겠습니다. 무슨 일이든 하겠습니다."를 수없이 반복했다. 뤼브케 대통령도 울고 있었다.

호텔로 돌아가는 차에 올라 탄 박 대통령은 계속 눈물을 흘렸다. 옆에 앉은 뤼브케 대통령은 손수건을 직접 주며 "우리가 도와주겠습니다. 서독 국민들이 도와주겠습니다."라고 힘주어 말했다. 서독 국회에서 연설하는 자리에서 박대통령은 "돈 좀 빌려주십시오. 한국에 돈 좀 빌려주십시오. 여러분들의 나라처럼 한국은 공산주의와 싸우고 있습니다. 한국이 공산주의자들과 대결하여 이기려면 경제를 일으켜야 합니다. 그 돈은 꼭 갚겠습니다. 저는 거짓말할 줄 모릅니다. 우리 대한민국 국민들은 절대로 거짓말하지 않습니다. 공산주의자들을 이길 수 있도록 돈 좀 빌려주십시오."를 반복해서 말했다.

당시 한국은 자원도 돈도 없는 세계에서 가장 못사는 나라였다. 유엔에 등록된 나라 수는 120여 개국, 당시 필리핀 국민소득 170불, 태국 220불 등이던 때, 한국은 76불이었다. 우리 밑에는 달랑 인도만 있었다. 세계 120개 나라 중에 인도 다음으로 못사는 나라가 바로 우리 한국이었다.

동네마다 엿장수를 동원하여 "머리카락 파세요!"하며 길게 땋아 늘인 아낙네들의 머리카락을 모았다. 시골에 나이 드신 분들은 서울 간 아들 학비 보태주려 머리카락을 잘랐고, 먹고 살 쌀을 사기 위해 머리카락을 잘랐다. 그래서 한국의 가발산업은 발전하게 되었던 것이다. 또한 싸구려 플라스틱으로 예쁜 꽃을 만들어 외국에 팔았다. 곰 인형을 만들어 외국에 팔았다. 전국에 쥐잡기 운동도 벌어졌다. 쥐털로 일명 코리안 밍크를 만들어 외국에 팔았다. 돈 되는 것은 무엇이든 다 만들어 외국에 팔았다.

이렇게 저렇게 해서 1965년 수출 1억 달러를 달성했다. 세계가 놀랐다. '저 거지들이 1억 달러를 수출해?'하며 '한강의 기적'이라고 전 세계가 경이적인 눈빛으로 우리를 바라봤다.

'조국근대화'의 점화는 서독에 파견된 간호사들과 광부들이었다. 여기에 월남전 파병은 우리 경제 회생의 기폭제가 되었다. 참전 용사들의 전후 수당 일부로 경부고속도로가 건설되었고 이를 바탕으로 우리 한반도에 동맥이 힘차게 흐르기 시작했다.

우리가 올림픽을 개최하고, 월드컵을 개최하고, 세계가 우리 한국을 무시하지 못하도록 국력을 키울 수 있었던 것은 기성세대들의 피와 땀이 있었기 때문에 가능하였다. 이제 다시 한 번 뭉쳐서 나아가야 할 때이다."

기사를 읽으며 베트남 전쟁에서의 기억이 떠올랐다. 베트남에서 중대장을 할 때 나 역시 작전이 없는 날은 탄피를 주워 모았다. 이는 자원이 없는 나라에서 전투에 투입된 군인에게 부과된 추가 임무였다. 고국에서 구리銅를 필요로 했기 때문이었다. 고단함도 잊은 채 모두 보람을 갖고 눈을 커다랗게 뜨고 최선을 다했다. 마치 엊그제 일 같다.

그렇게 어려웠던 우리가 이제 국민소득 2만 불을 내다보게 되었다. 3,000억 불의 수출을 하는 경제 규모로 세계 10위권의 나라가 된 것이다. 생각할수록 감회가 새롭다.

하지만 여기서 멈춰서는 안 될 것이다. 우리의 미래가 더 희망적이냐, 아니면 여기에 머물고 마느냐는 아마도 우리 모두에게 달려 있는 일이 아닌가 한다.

우리들의 행복한 미래

마음속에 영원히 담고 있는 구루GURU, 스승가 있다.

유한의 유일한 박사와 일본 기업인 마스시다 회장이다. 세상을 변화시키려 노력을 하신 그분들의 열정을 존경한다. 물론 주변에는 더 훌륭한 분들도 많지만, 그분들의 10분의 1만큼만 되는 것이 나의 꿈이며 소망이다. 성공을 위하여 전력을 다하는 것도 그 소망에 한발 다가서기 위해서이다.

| 당신의 성공 기준 |

어느 날 젊은 청년들과 이러한 꿈과 소망에 대하여 대화를 나눈 적이 있었다. 사단법인 미래준비라는 단체의 청년들이었다.

"여러 가지 어려운 상황에서도 사업을 잘 일으키고 계신데, 회장님께서 생각하시는 성공이란 무엇인지 듣고 싶군요."

"성공을 판단할 때 흔히 높은 지위와 명예를 생각하는데 꼭 그런 것은 아닙니다. 제가 생각하는 성공이란 '자기성취를 통해 다른 사람에게 기여하는 것'입니다. 자신의 목표가 다른 사람을 위해 가치 있게 쓰일 때 진정한 성공이라 할 수 있지요.

성공의 기회는 여러 번 옵니다. 성공이란 우리가 추구해야만 할 가치는 아니지만 누구나 한 번쯤 도전할 만한 과제입니다. 하나님은 많은 사람에게 성공의 기회를 평등하게 주셨습니다. 그런데 대부분의 사람들은 기회가 왔는지도 모르죠. 성공하는 사람들은 이런 기회를 잡은 사람들입니다."

"성공의 비결은 무엇일까요?"

"첫째로는 실력입니다. 이를 위해 냉철하게 자신을 평가하고 보완해야 합니다. 강점은 강화하고, 약점은 보완해야지요. 자신의 장단점을 정확히 안다는 것 자체가 쉽지는 않지만 굉장히 중요한 일입니다. 다른 사람에게 물어서라도 파악해야 합니다.

저는 늘 가까운 친지들에게 묻습니다. '우리 회사의 문제점은 무엇이냐?', '나의 단점은 무엇이냐?'라는 질문 말입니다. 이렇듯 자신에 대한 연단이 성공의 비결이 아닐까 합니다."

"성공을 위한 전략 같은 것도 있을까요?"

"물론입니다. '전략'이란 목표를 가진 사람이라면 누구에게나 필요한 것입니다. 경영자는 '경영전략'을 세우고, 학생들은 '공부전략'을 가지고 있어야 합니다. 전략을 세우는 과정은 '미션 → 비전 → 핵심가치 → 전략'의 순입니다. 또 이밖에 간단한 자기 신조나 좌우명도 전략의 하나로 봐야 합니다."

"그렇다면 김 회장님의 성공전략은 무엇입니까."

"저의 성공전략은 '주면 더 큰 것을 돌려받는다'는 것입니다. 또 성경에 있는 말씀 중에 '항상 기뻐하라. 쉬지 말고 기도하라. 범사에 감사하라'를 실천하는 것입니다."

"마지막으로 미래를 고민하는 젊은이들에게 하고 싶은 말이 있다면요?"

"감동적으로 들었던 설교 내용을 들려드리고 싶군요."

모든 사람들이 성공하기를 원하지만 성공하는 사람보다는 실패로 인생을 끝마치는 사람들이 많습니다. 왜 그럴까요? 왜 사람들은 성공하기를 원하면서도 실패하는 삶을 살게 될까요? 그 이유는 많겠지만 확실한 것이 있습니다. 성공하는 사람들은 세 가지 특징을 가지고 있다고 합니다.

첫째는 무슨 일을 하든지 최선을 다합니다.

옛말에 '지성이면 감천'이라는 말이 있습니다. 무슨 일에든 정성을 다하면 하늘이 감동하여 그 일을 돕는다는 뜻이지요. '사람이 한 가지 일에 정성을 다하면 하늘도 따라준다.'라는 말도 있습니다. 자신이 맡은 일에 온갖 정성을 다할 때 그에게 성공이 뒤따릅니다.

둘째는 자신에게 주어진 시간을 소중히 합니다.

자신이 지금 처한 그 시간을 소중히 여겨 헛되이 낭비하지 않는 사람에게 성공이 주어지는 것이지요.

셋째는 지금 만나고 있는 사람들을 소중히 여깁니다.

비록 그 사람이 미천한 사람일지라도 지금 상대하고 있는 사람들을 소중히 여겨 성의를 다할 때에 그에게 성공이 따라옵니다.

그리고 누구 앞에서나 당당히 밝힐 수 있는 성공기준이 있지요. 그 기준은 언제 어디에 있든 성공으로 향하는 길을 제시해줍니다.

나의 성공기준은 매우 단순하다.

죽음을 앞두었을 때 '하나님 보시기에 기뻐하는 삶을 살았을까?' 하는 질문에 고개를 끄덕일 수 있는 것이다. 이는 결국 내가 속한 이 사회를 밝고 건강하게 만드는 데 일조하는 것이라고 생각한다.

| 사랑의 집 |

청주에 살면서 후원해온 '사랑의 집'이라는 곳이 있다. 장애인을 돌보는 작은 시설로 경영자도 장애인이다. 지금은 하늘나라로 간 아내와 함께 항상 즐거운 마음으로 찾아다닌 곳이다.

서울에서는 서찬교 성북구청장의 권유로 종암동에 있는 '성가복지병원'을 후원하고 있다. 행려병자를 포함한 극빈한 사람들을 무료로 치료하고 입원시켜 돌봐주고 있는 곳인데 참으로 아름다운 병원이다. 시설이 좋아서가 아니라 그곳에 깃든 사람들의 마음이 아름답다. 천주교 수녀님들과 자원봉사자들이 쉼 없이 마음을 나누고 있는 곳이다. 덕분에 필요한 비품이나 장비를 요청받으면 보내는 즐거움이 참으로 크다. 방마다 TV와 선풍기가 낡아서 불편하다는 전갈에 어려운 분들을 생각하며 몇 차례 보냈다.

딸 경진은 담당의사로 매주 정기적으로 피부과 진료를 맡아서 무료

봉사하고 있다. 그곳에 갈 때마다 우리 사회는 아름다운 봉사와 헌신을 하는 분들이 많다는 것을 느낀다. 정이 넘치는 사회임을 느끼고 자랑스러움을 가질 수 있어 좋다.

이처럼 나는 여기저기서 훈훈한 미담을 전할 때면 마치 바로 내 옆에서 벌어진 양 하루 종일 기분이 좋다. 2006년 지난 세모에는 중앙일보 노재현 기자가 쓴 글을 읽고 정말 멋있는 한해 마무리를 했다. '감동과 희망을 심어준 324명'이라는 제목으로 우리 사회의 아름다운 미래를 노래한 글인데 여기 게재하고자 한다. 이 글에 나타난 것처럼 세상에는 아름다운 사람들이 참 많고 우리가 가정과 사회에서 해야 할 일도 그만큼 많다.

기쁘고 감동적인 한 해였습니다. 가슴이 뭉클해지는 미담이 어느 해보다 많았습니다. 역시 세상사는 생각하기 나름입니다. 1년 동안 본지 《사람사람》 지면에 크게 실린 기사의 주인공 324명의 사진을 합성했습니다. 바로 이분들이 2006년 대한민국을 따뜻하고 살 만한 곳으로 만들어주었습니다. 사진의 주인공들은 대한민국이라는 자동차의 길잡이입니다. 가장 중요한 존재입니다. 그래서 사진을 내비게이션 모양에 담았습니다. 이분들이 있었기에 나라가 길을 잃고 헤매지 않았습니다. 간혹 차가 흔들려 소란스럽더라도 이분들을 떠올리면 '그래도 살 만한 세상'이라고 믿을 수 있었습니다.

뜯어보면 대부분 평범한 분들입니다. 그러나 마음 씀씀이는 결코 평범하지 않습니다.

전남 순천시의 서정현씨. 1979년 서울에 갔다가 강남고속버스터미널에서 구걸하는 어린 형제를 보고 충격을 받았습니다. 돌아오는 버스 안에서 '평생 남을 돕겠다'고 결심합니다. 그는 매일 2만 원씩 저축해 모은 돈으로 불우이웃을 돕고, 해마다 순천대에 200만 원을 기부합니다.

종군위안부 피해 할머니 황금자씨. 그는 매달 정부 지원금에서 70만 원을 떼어 5년간 모은 4,000만 원을 장학금으로 내놓았습니다. 11평짜리 임대아파트에 사는 황할머니의 월 수입은 110만 원입니다.

거인병말단비대증을 앓고 있는 왕년의 농구스타 김영희씨. 병마와 싸우는 처지인데도 틈만 나면 경기도 광명시의 지체장애인 시설 '사랑의 집'을 찾아 봉사활동을 합니다.

얼마 전 KTX 승객의 돈 1억 1,000만 원을 발견해 주인에게 돌려준 한국철도공사의 이수옥 씨는 또 어떻습니까? 미처 신문에 나지 않아서 그렇지, 우리 주변엔 이런 사람이 훨씬 더 많을 겁니다.

자기 분야에서 최선을 다한 이도 많았습니다. 공격용 헬기의 첫 여성 조종사 김효성 육군중위, 록의 대부 신중현 씨, 파키스탄 지진 피해자 돕기에 나선 원로 연극배우 박정자 씨 등이 눈에 띕니다.

해외에서 활약 중인 한국인들의 얼굴도 보이네요. 미 국가장애인위원회 차관보인 시각장애인 강영우 박사는 "실명은 내 삶의 가장 큰 자산"이라고 말했더군요. 미식축구스타 하인스워드와 한인 혼혈 여배우 문블러드굿은 한국 사회의 혼혈인 인식에 일대 전환점을 마련해주었습니다.

곧 2007년이 찾아옵니다, 내년 12월 말에는 신문에 실어야 할 자랑스러운 얼굴이 너무 많아 고민하길 기원합니다. 독자 여러분, 대한민국은 살만한 곳입니다. 새해 복 많이 받으세요!

어쩌면 정말 우리나라는 살 만한 곳인지도 모른다. 희망을 갖고 볼 일이다.

| 작은 꿈, 큰 소망 |

부천에서 있었던 유일한 박사의 이름을 딴 '유일한로路'의 명명식命名 式을 보고 깊은 생각을 한 적이 있었다. 그는 창의력과 도전정신으로 30년 여 년 만에 건강한 기업을 만들었고 많은 사람에게 귀감이 되는 발자취를 남기셨다. 독립운동가로, 기업인으로서 나라와 사회가 어려울 때 공을 먼저 앞세우셨고 우리 사회를 진정으로 사랑한 분이기도 하다. 이처럼 내 꿈은 유일한 박사처럼 우리 사회를 밝게 변화시키기 위한 작은 후원을 하는 것이다.

우리는 너무나 과거 지향적이다. 남의 단점을 들여다보는 데만 익숙해 있다. 점점 더 심해진다. 양심이나 도덕적인 잣대를 기준으로 삼지 않고 남을 헐뜯고 모함하는 이기심으로 뚤뚤 뭉쳐있다. 이 응어리를 빨리 풀어야 하지 않을까 싶다. 이는 앞으로 내 삶의 목표이자 소망이다. 미움과 악의에 찬 경쟁, 이유 없는 분노를 풀어내고 서로를 배려하고 이해하는 포용의 사회로 나아가는 데 작으나마 보탬이 되고자 하는 것이다.

오랫동안 이러한 뜻을 품고 동분서주해왔지만 역시 결론은 나 혼자의 힘으로는 부족하다는 것이었다. 결국 변화란 뜻을 품은 사람들이 모여서 실천에 옮겨야 가능한 일이다. 그래서 각계에서 열심히 활동하시는 분들 중 뜻을 함께 하는 이들과 구체적으로 일을 벌여나가기로 작정했다. 이에 주춧돌로 세워놓은 것이 바로 앞에서도 밝힌 조은 문화재단이다.

우리 사회에는 크고 작은 단체들이 많지만, 이중 조은문화재단은 비판의 목소리보다는 칭찬과 미담을 들려주는 목소리로 사회를 밝게 하는 데 일조했으면 한다. 이중 '밝은내일 포럼'은 큰 기여를 하지 않을까 싶다. 아주 작게 시작하였으나 앞으로 우리 사회를 변화시킬 소중한 역할을 감당하리라 믿는다. 이같은 재단의 설립 목적은 세 가지이다.

첫 번째 목적은 문화지원이다.

우리 사회가 적극적이고 진취적인 기상을 갖도록 돕고 성원하는 일을 지원하는 것으로 10개 이상의 봉사단체를 후원하는 한편 중창단을 운영하여 어디든 원하는 곳에 밝은 노래를 들려드릴 생각이다. 또한 준비가 되는대로 사회 각계 영향력 있는 분들로 '밝은내일 포럼'을 만들어 후원하는 일도 하려 한다. 내년 2008년을 발기 목표로 구성하고 있는데 이미 150여 분이 함께 하고자 뜻을 모았다. 감사한 일이다. 모두의 사랑을 받는 작은 밀알이 되었으면 한다.

그리고 두번째로 인재를 지원하는 일을 하려고 한다. 40명 정도의 엘리트를 선정하여 각 분야의 지도자가 될 때까지 성원하려고 한다. 현재 다섯 명을 후원하고 있으며 향후 10년 동안 매년 네 명씩 지속적으로 늘려나가려고 한다.

나는 우리 사회를 변화시키기 위해서는 '좋은 뜻을 지닌 인재'가

가장 중요하다고 생각한다. 거듭 강조하지만 가치를 창조하고 변화를 이루어내는 것은 사람이기 때문이다. 그런 뜻에서 2년 전에 휴전선 남방 아름다운 곳에 좋은 땅을 구입하였다. 남북통일이 되면 수련원을 만들어 우리 젊은이들이 호연지기浩然之氣를 기를 수 있도록 뒷받침하기 위해서이다. 하나님께 의지하므로 반드시 이루어주시리라 믿고 기도하고 있다.

마지막으로 조은문화재단이 힘쓸 분야는 연구지원이다. 사회문화연구, 평화연구를 지원하는 일인데 설립된 연구소를 후원하거나 연구소를 설립하는 방안도 검토하고 있다.

이러한 후원 사업을 추진하는 것은 살아오면서 받은 하나님의 사랑을 조금이라도 우리 사회에 되돌려주고 싶기 때문이다. 또한 가난한 공무원의 아들로 자라면서 학창시절 겪었던 고난과 역정을 작은 성취로 보답하고자 하는 뜻도 있다. 아울러 교회 여전도회장으로, 군인의 아내로, 3남매의 어머니로 평생을 헌신하고 소천한 박성희 권사와의 약속을 지키기 위해서이다.

그리고 마지막으로 나의 기도를 해피엔딩으로 끝마치고자 함이다. 잠잘 무렵이면 늘 정갈한 옷차림으로 감사의 기도를 올린다.

"좋은 가정을 주셔서 감사합니다. 아울러 저와 함께 세 아이들이 제 뜻을 성취하여 이웃과 사회를 돌볼 수 있는 사람이 되기를 기원합니다. 그리고 마지막으로 이 사회를 좀 더 살 만하고, 가치 있는 땅으로 만드는 데 남은 재능을 쓸 수 있도록 힘을 주십시오."

혹시 몰라 아이들에게도 당부한다.

"만일 내가 죽고나서 남아있는 재산이 있으면 모두 '조은문화재단'에 기증하여 우리 사회를 건강하게 하는 데 기여하도록 해달라. 또한 내가 은혜 입은 분들에게 나를 대신해 그들이 돌아가실 때까지 잘 모시기를 바란다. 나와 네 어머니도 반평생을 너희들에게 봉사를 하였으므로, 너희들도 그 답례로 내 뜻을 지켜주기 바란다."

내 소망은 하늘나라로 갈 때 아무 재산도 남기지 않는 것이다.

아이들이 내 소망을 잘 지켜줄 것이라 믿는다.

마지막으로 변화의 아름다움에 대하여 말하고 싶군요. 변화의 과정을 말하는 것은 늘 즐겁고 흥분되는 일이니까요.

우리나라에 처음 IBM 노트북이 나온 첫날, 저는 월급의 세 배를 주고 첫 노트북을 구입하였습니다. 그때의 설레임을 안고 살아가며, 저는 지금도 항상 '10년 후의 나는?' 이라는 그림을 그립니다.

저는 세상을 더욱 밝고 아름답게 변화시키는 데 헌신하겠다는 마음으로 네 개의 기업을 창업하거나 투자하여 경영하였고, 또한 조은문화재단을 설립하였습니다.

하지만 그 과정에서 깨달은 것은 성취는 우리가 생각하고 기대하는 대로 모두 이룰 수는 없다는 것입니다. 우리에게 필요한 것은 다만 '최선을 다하였고 그 성과는 하나님이 해주신다' 는 겸손한 믿음뿐입니다. 최선을 다하고도 성취하지 못했다면 정성이 부족하였던지, 힘이 모자랐던지 등의 연유를 막론하고 담백하게 받아들여야 합니다. 대신 포기하지 않고 기다리면 언젠가 기회는 다시 옵니다.

제가 변화를 추구하는 과정에서 작은 성취를 이룰 수 있었던 것은 무엇보다 많은 이의 도움과 사랑이 있었기에 가능한 것이었습니다. 어려운 고비마다 인생의 고비에서 큰 마음을 주신 분들에게 고맙다는 말을 하고 싶습니다. 제 은인들이지요.

23년 전, 경제적으로 가장 힘든 시기에 큰 도움을 주신 재무부 안공혁 국장님, 차규헌 비상기획위원장님, 그리고 안병길 대령, 군 출신의 은행원에게 격려와 성원을 아끼지 않으신 황창익 충북은행장님, 임정빈 서울분실장, 창업 초창기 영업지원에 헌신적으로 성원하여 준 조태무, 신문호, 문영표, 김병천 형, 창업의 계기를 마련하여준 이정섭 후배, 동참으로 힘을 보태준 백현옥, 이후득 후배, 어려운 여건에서 성장기반 구축에 기여한 이명근, 김종필, 위정희, 정만규 외에도 제가 만난 모든 분들, 임직원들에게 깊은 감사를 드립니다.

마음의 빚을 못 갚고 죽으면 대를 이어서라도 은공을 갚아야 할 아름다운 사람들입니다.

그리고 제 아내 박성희 권사에게 깊은 마음을 전합니다. 아내는 어떤 상황에서도 항상 감사하고 기도하고 즐거워한 좋은 사람이었습니다. 군인의 아내라면 대부분 비슷한 경험이 있을 것입니다. 제 가정도 아이들 셋을 데리고 열 네 번의 이사를 하는 등 어려움이 많았습니다.

갑자기 전역을 하고 내일을 예측하기 어려웠을 때, 재정보증으로 파산 상태에 이르렀을 때, 어렵게 창업을 결심하였을 때 격려와 성원을 아끼지 않았던 아내는 저에게 친구이며 동지와도 같았습니다. 지금 이 시간에도 하늘나라에서 내려다보며 "이룬 것이 없다해도 부끄러워 말고, 앞으로 정진하여 좋은 성공을 이루어 여러 분들께 받은 사랑을 되돌려드리도록 하세요."라는 얘기를 들려주고 있는 듯합니다.

혼자서는 아무것도 성취할 수 없습니다.

저의 오랜 도전과 방황이 일러준 교훈입니다. 오늘 이 자리까지 제가 열정을 갖도록 독려해준 모든 분들께, 그리고 이 책의 마지막장을 넘겨준 여러분에게도 인사의 말을 드리고 싶습니다.

"고맙습니다."

고맙습니다

지은이 | 김승남
펴낸이 | 김경태
펴낸곳 | 한국경제신문 한경BP

제1판 1쇄 인쇄 | 2007년 6월 07일
제1판 1쇄 발행 | 2007년 6월 11일

주소 | 서울특별시 중구 중림동 441
기획출판팀 | 3604-553~6
영업마케팅팀 | 3604-561~2, 595 FAX | 3604-599
홈페이지 | http://www.hankyungbp.com
전자우편 | bp@hankyung.com
등록 | 제 2-315(1967. 5. 15)

ISBN 978-89-475-2612-8
값 10,000원